智力训练游戏

74个提高智商的方法

【法】吕西亚诺 · 戈西 / 著　楼敏洁 / 译

上海科学技术文献出版社
Shanghai Scientific and Technological Literature Press

图书在版编目（CIP）数据

智力训练游戏：74 个提高智商的方法 /（法）吕西亚诺 · 戈西著；楼敏洁译．—上海：上海科学技术文献出版社，2021
ISBN 978-7-5439-8374-8

Ⅰ．①智… Ⅱ．①吕…②楼… Ⅲ．①智力开发—通俗读物 Ⅳ．① G421-49

中国版本图书馆 CIP 数据核字 (2021) 第 136240 号

图字：09-2017-555

选题策划：张　树
责任编辑：王　珺
封面设计：合育文化

智力训练游戏：74 个提高智商的方法
ZHILI XUNLIAN YOUXI: 74GE TIGAO ZHISHANG DE FANGFA
[法]吕西亚诺 · 戈西　著　楼敏洁　译
出版发行：上海科学技术文献出版社
地　　址：上海市长乐路 746 号
邮政编码：200040
经　　销：全国新华书店
印　　刷：常熟市人民印刷有限公司
开　　本：720mm × 1000mm　1/16
印　　张：7
版　　次：2021 年 8 月第 1 版　2021 年 8 月第 1 次印刷
书　　号：ISBN 978-7-5439-8374-8
定　　价：38.00 元
http://www.sstlp.com

简　介

今天，脑力活动随着年龄增长而减退已经可以避免。现在就给您提供使大脑恢复活力的青春之泉，同时让您乐在其中。

本书集娱乐性和知识性为一体。您会发现这里有各种旨在提高智商的逻辑游戏。您也可以在书中找到一些记忆游戏，来帮助提高记忆的能力。记忆力就像肌肉，需要定时且长期地训练。我们有针对性地设计各种谜语和难题，以帮助提高您的创造力。换句话说，是让您随着时间推移不断减退的能力可以适应新的形势。

这是一本真正的大脑体操运动指南，使用各种方法和手段令大脑恢复青春活力。

使用说明

星星表示游戏的难度：

- 最简单　★☆☆☆☆
- 简单　★★☆☆☆
- 中等　★★★☆☆
- 困难　★★★★☆
- 最困难　★★★★★

火柴游戏

★★★☆☆

1. 哪个火柴组成的数字与其他没有逻辑关系?

a

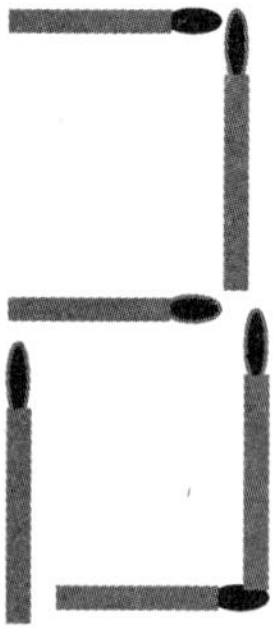

b

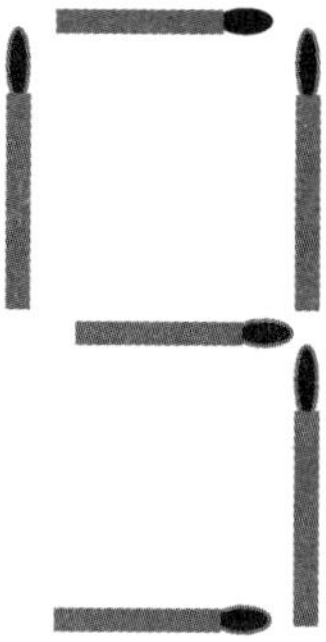

c

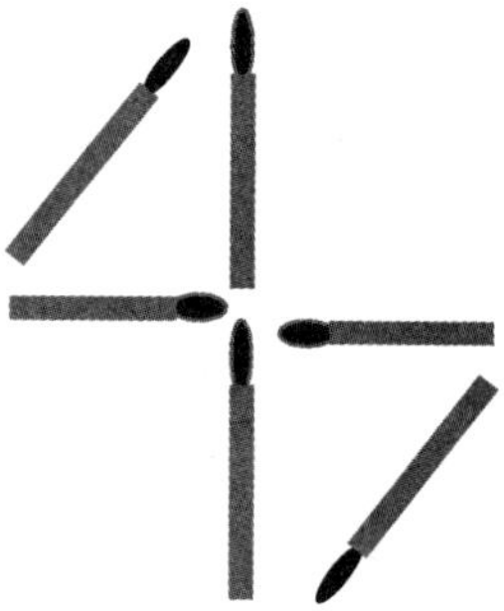

d

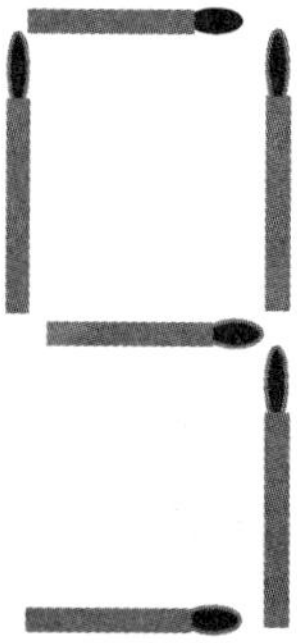

e

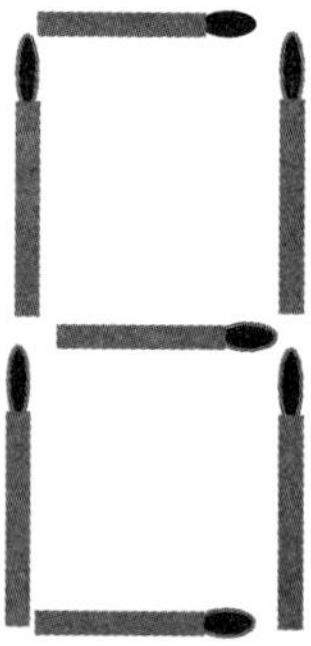

答案见 92 页

2. 仔细观察下面的图片 2 分钟，然后往后翻一页，并回答问题。

答案见 92 页

回答下列问题，请不要把书翻回前一页。

(1) 数字 4 出现了几次？

A. 1　　B. 9　　C. 7

答案是：

(2) 数字 10 出现了几次？

A. 2　　B. 3　　C. 4

答案是：

(3) 图中出现数字 7 了吗？

A. 是　　B. 否

答案是：

(4) 白色的数字 4 出现了几次？

A. 2　　B. 3　　C. 4

答案是：

(5) 图中出现数字 2 了吗？

A. 是　　B. 否

答案是：

(6) 黑色圆圈中的 4 出现了几次？

A. 1　　B. 2　　C. 3

答案是：

(7) 灰色方框中的 9 出现了几次?

A. 1　　B. 2　　C. 没有出现

答案是:

(8) 白色圆圈中的 4 出现了几次?

A. 1　　B. 2　　C. 没有出现

答案是:

(9) 水平方向的 10 出现了几次?

A. 2　　B. 3　　C. 4

答案是:

(10) 黑色的数字 4 出现了几次?

A. 2　　B. 3　　C. 4

答案是:

俄罗斯方块

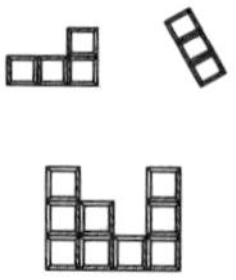

★★★★☆

3. 要重建这一方块，需要排除一个选项，是哪一个呢？

b

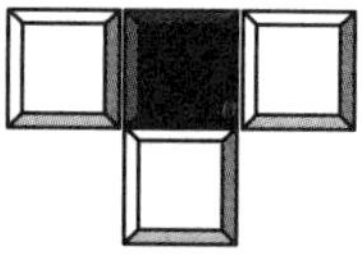

a

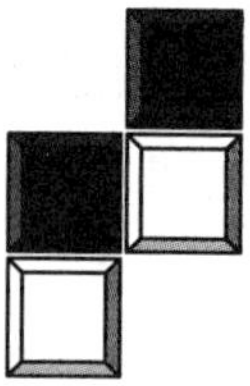

c

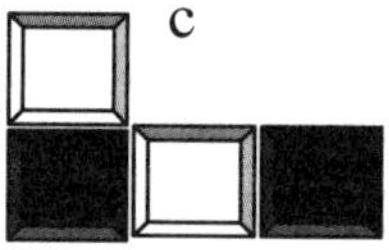

d

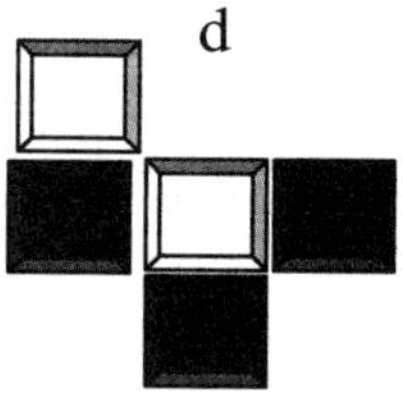

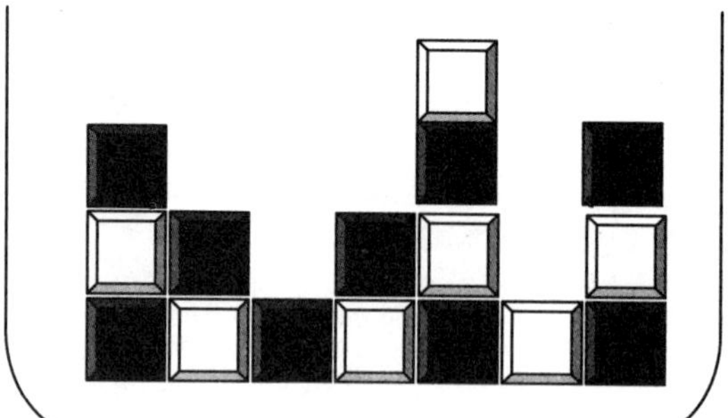

答案见92页

数字树

★★☆☆☆

4. 参照左图中的数字关系，找出右图中问号所代表的数字。

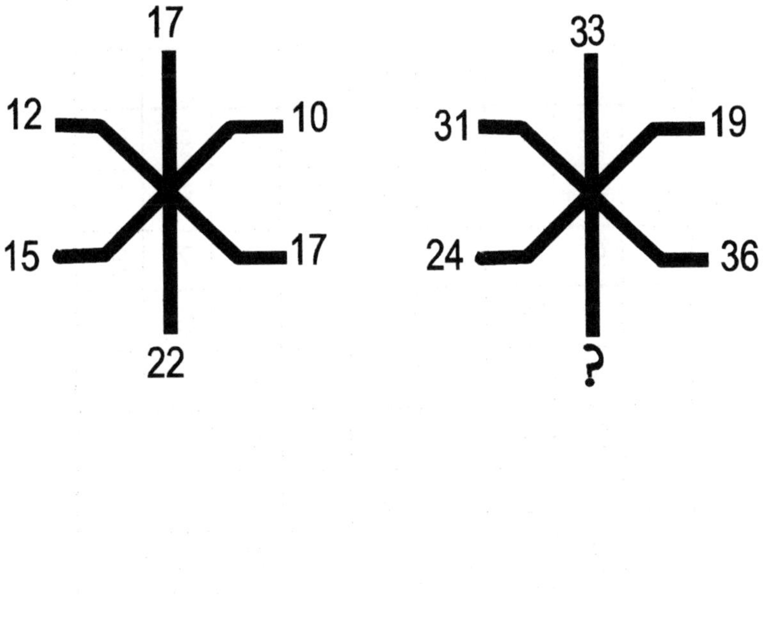

答案见 92 页

九宫格数独

★★☆☆☆

5. 完成此九宫格数独，并确保：

√ 每个数字在每一列中（垂直）只出现一次

√ 每个数字在每一行中（水平）只出现一次

√ 在每一宫中只出现一次

7				5				
						3		6
6	4			2	1		8	7
	9					8	7	3
		4					5	
8	1		2			9		
	6				7	4		8
	3	8		9		7		
	5		8	3	4	6	9	

答案见 93 页

疯狂的立方体

★★★★☆

6. 下列哪个立方体展开后与下面的图片不相符?

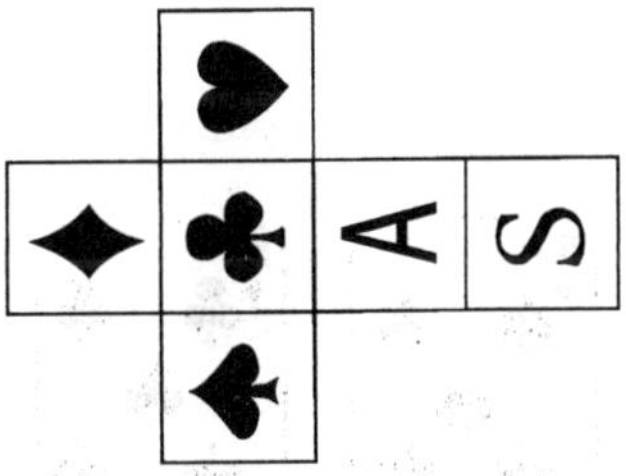

A　B　C　D

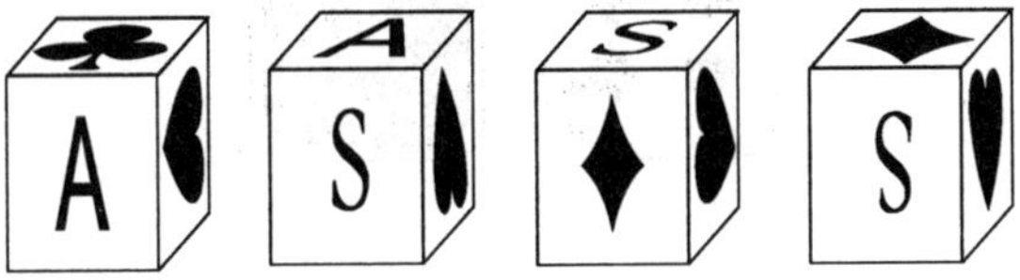

答案见93页

纸牌游戏

★★★☆☆

7. 翻转的是哪张牌?

注意:

J、Q、K 分别代表 11、12 和 13

答案见 93 页

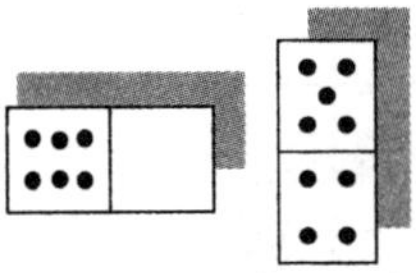

多米诺骨牌

★★★★☆

8. 带问号的多米诺骨牌是哪一张？

答案见 94 页

魔力方格

★★☆☆☆

9. 参照左边的3个方格，把右边的方格补充完整。

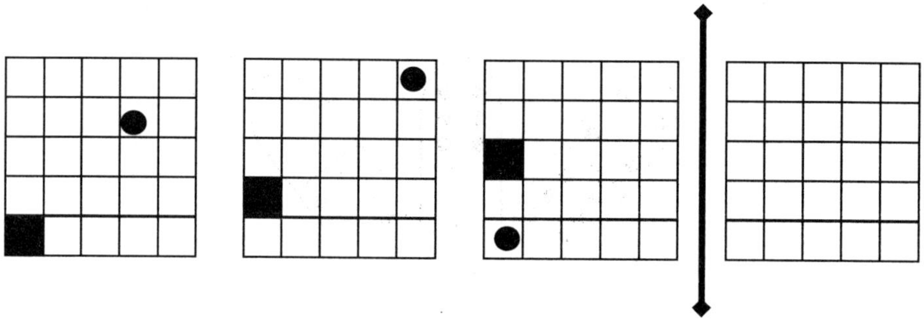

答案见94页

矩阵游戏

★★☆☆☆

10. 右图中有 4 个选项，问号的位置应该选择哪个选项？

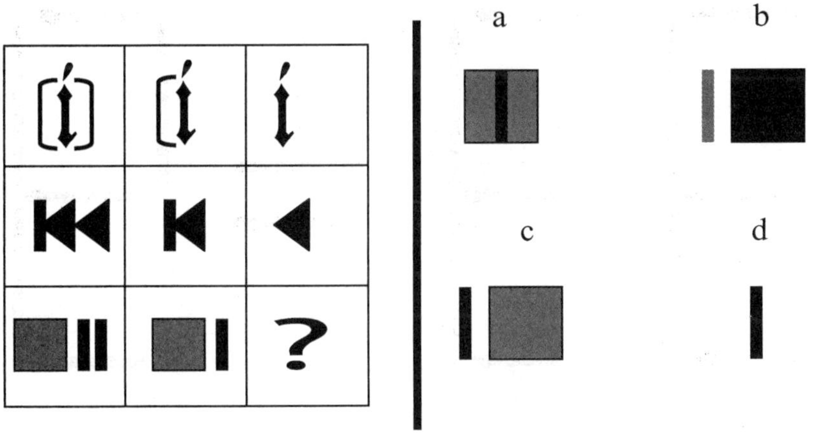

答案见 94 页

火柴游戏

★★★☆☆

11. 只能移动3根火柴,如何使等式成立?

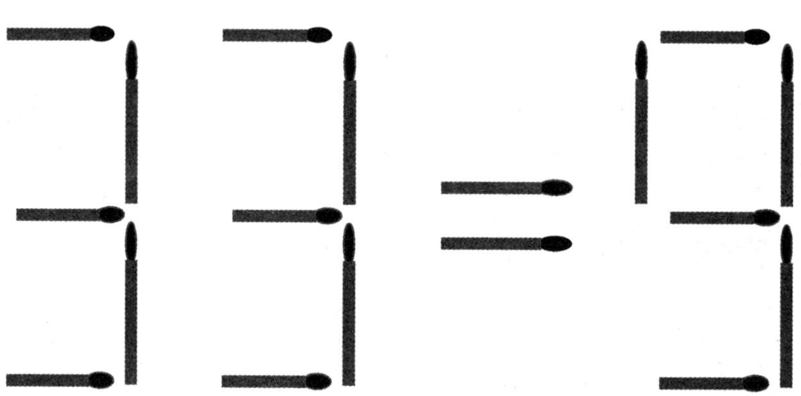

答案见95页

记忆游戏

★★★★☆

12. 仔细观察下面的图片 2 分钟，然后往后翻一页，并回答问题。

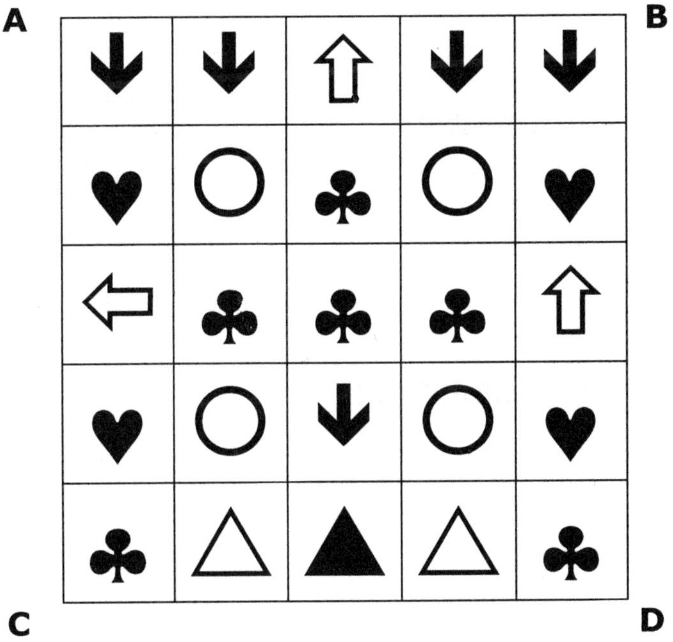

答案见 95 页

回答下列问题，请不要把书翻回前一页。

(1) 图中箭头共出现了几次？

A. 6　　B. 8

C. 10　　D. 12

答案是：

(2) 图中圆圈共出现了几次？

A. 2　　B. 4

C. 6　　D. 8

答案是：

(3) 图中三叶草共出现了几次？

A. 2　　B. 4

C. 6　　D. 10

答案是：

(4) 图中三角形共出现了几次？

A. 1　　B. 2

C. 3　　D. 5

答案是：

(5) 图中心形共出现了几次？

A. 4　　B. 5

C. 6　　D. 8

答案是：

(6) 图中白色三角形共出现了几次?

A. 1 B. 2

C. 3 D. 4

答案是:

(7) 图中黑色三角形共出现了几次?

A. 没有出现 B. 3

C. 2 D. 1

答案是:

(8) 在 AD 对角线上的圆圈有几个?

A. 没有 B. 1

C. 2 D. 3

答案是:

(9) 在 BC 对角线上的三叶草有几个?

A. 3 B. 4

C. 2 D. 没有

答案是:

(10) 图中向下的白色箭头有几个?

A. 没有 B. 1

C. 2 D. 3

答案是:

俄罗斯方块

★★★★☆

13. 要重建这一方块，需要排除一个选项，是哪一个呢？

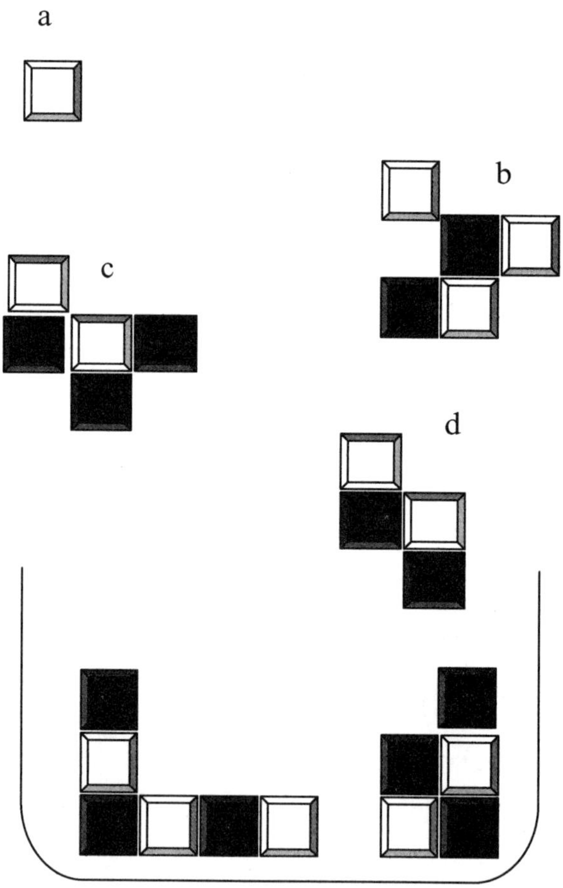

答案见 95 页

数字树

★★☆☆☆

14. 参照左图中的数字关系，找出右图中问号所代表的数字。

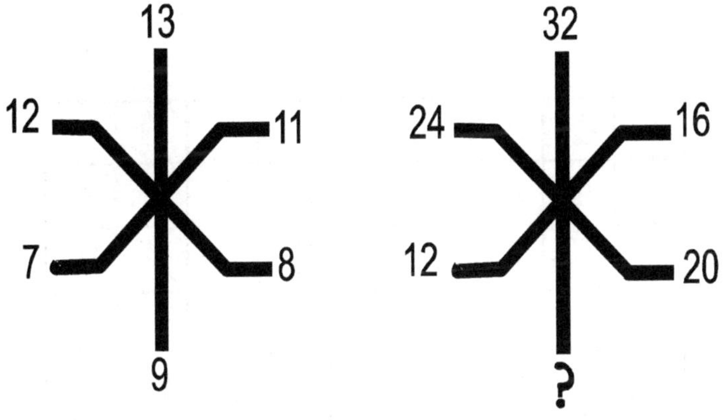

答案见 95 页

九宫格数独

★★★☆☆

S U
D O
K U

15. 完成此九宫格数独,并确保:

√ 每个数字在每一列中(垂直)只出现一次

√ 每个数字在每一行中(水平)只出现一次

√ 在每一宫中只出现一次

	8	3						
					4	3		7
		4			6			2
5								
		1				5	9	
				2			7	1
				6		1		8
1	3		7		5			
6		2			1		4	5

答案见 96 页

疯狂的立方体

★★★★☆

16. 下列哪个立方体展开后与下面的图片不相符？

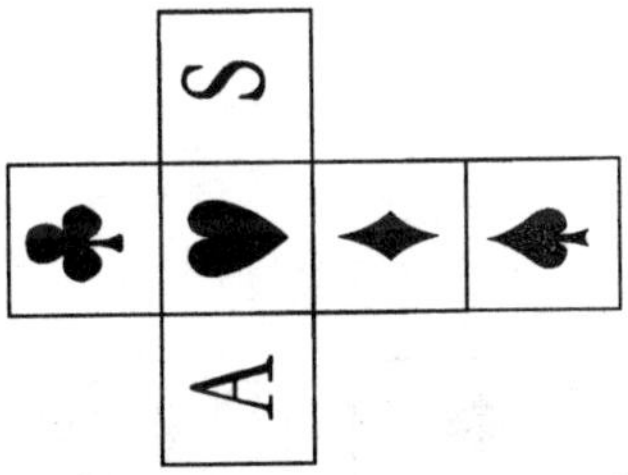

A　　B　　C　　D

答案见 96 页

纸牌游戏

★★☆☆☆

17. 翻转的是哪张牌？

注意：

J、Q、K 分别代表 11、12 和 13

答案见 96 页

18. 带问号的多米诺骨牌是哪一张？

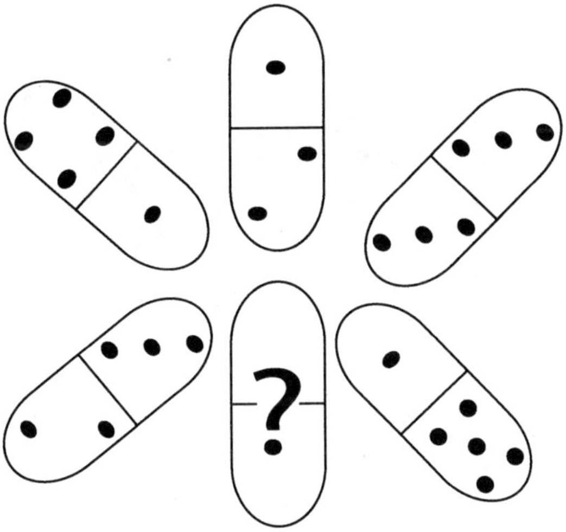

答案见 97 页

魔力方格

★★★☆☆

19. 参照左边的3个方格，把右边的方格补充完整。

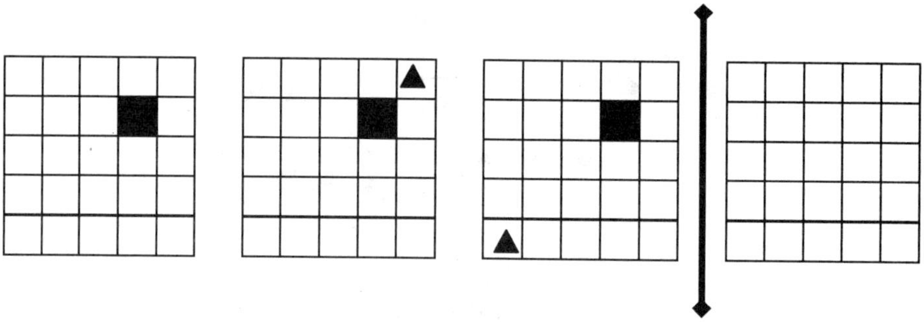

答案见97页

难解之谜

★★★★★

20. 从下列选项中找出符合对应关系的一个：

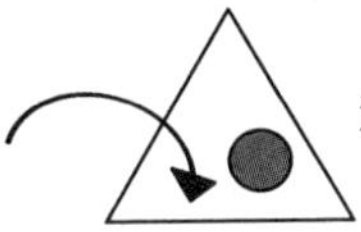 和 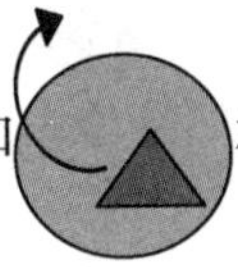 相对应，那么 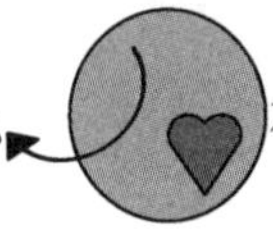 相对应的一个是？

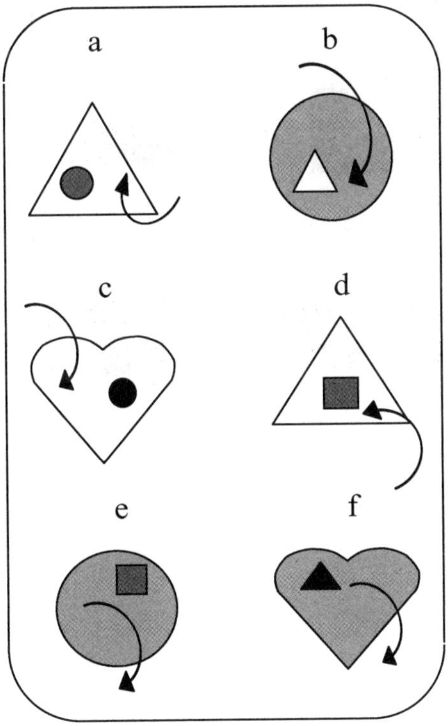

答案见 97 页

矩阵游戏

★★☆☆☆

21. 右图中有 4 个选项，问号的位置应该选择哪个选项？

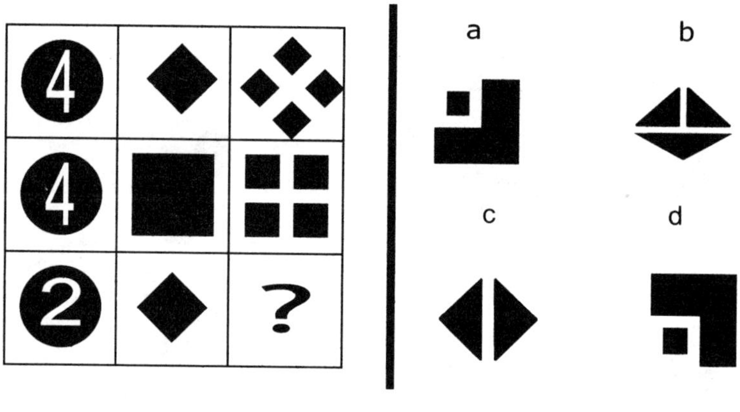

答案见 98 页

22. 只能移动 2 根火柴,如何使等式成立?

答案见 98 页

俄罗斯方块

★★☆☆☆

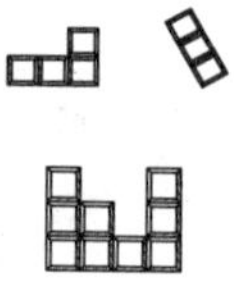

23. 在下列5个选项中，选择哪几个可以使下面图形成为一个4×7的矩形？

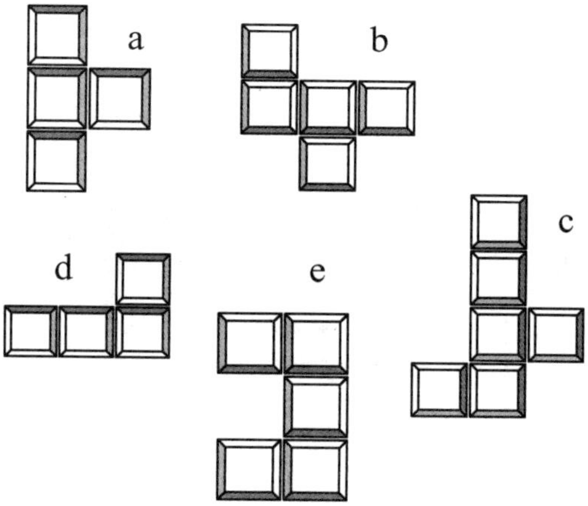

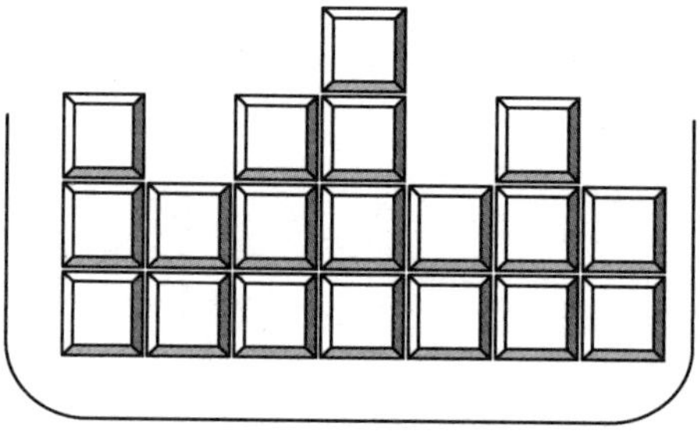

答案见98页

记忆游戏

★★★★☆

24. 仔细观察下面的图片 2 分钟，然后往后翻一页，并回答问题。

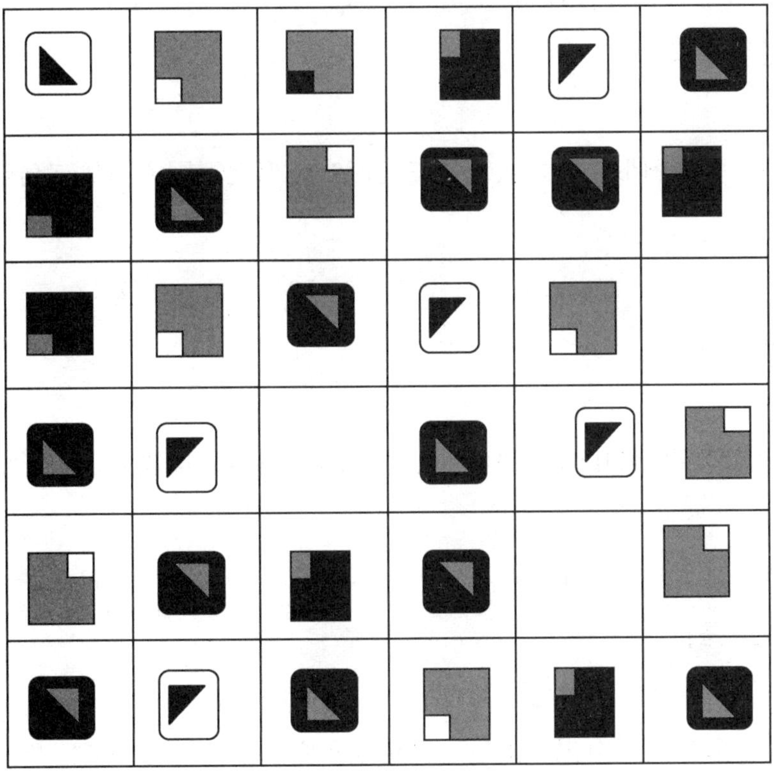

答案见 98 页

回答下列问题，请不要把书翻回前一页。

（1）图中一共有多少图形？

A. 30　　B. 33　　C. 36　　D. 39

答案是：

（2）图中有多少方格是空白的？

A. 2　　B. 3　　C. 4　　D. 5

答案是：

（3）多少图形中包含灰色的三角形？应当把不同方向的三角形也计算在内。

A. 0　　B. 8　　C. 10　　D. 12

答案是：

（4）多少图形中包含白色正方形？应当把不同位置的正方形也计算在内。

A. 8　　B. 9　　C. 10　　D. 11

答案是：

（5）多少图形中包含黑色的三角形？应当把不同方向的三角形也计算在内。

A. 2　　B. 5　　C. 6　　D. 8

答案是：

(6) 多少图形中包含灰色正方形?

A. 3　　B. 6　　C. 9　　D. 12

答案是:

(7) 多少图形中包含白色的三角形?

A. 0　　B. 1　　C. 2　　D. 3

答案是:

(8) 这一图形出现了几次?

A. 10　　B. 5　　C. 6　　D. 2

答案是:

(9) 这一图形出现了几次?

A. 8　　B. 3　　C. 4　　D. 9

答案是:

(10) 这一图形出现了几次?

A. 3　　B. 2　　C. 5　　D. 6

答案是:

数字树

★★★☆☆

25. 参照左图中的数字关系，找出右图中问号所代表的数字。

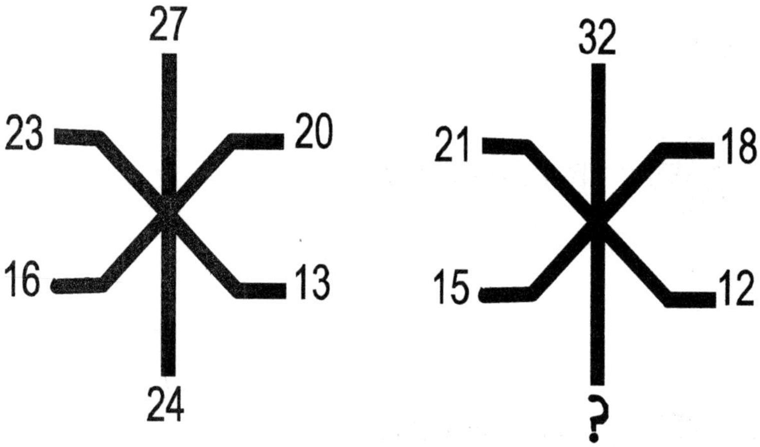

答案见 99 页

九宫格数独

★★☆☆☆

26. 完成此九宫格数独，并确保：

√ 每个数字在每一列中(垂直)只出现一次

√ 每个数字在每一行中(水平)只出现一次

√ 在每一宫中只出现一次

	6	9			3			8
5			4	8				
		3	2			5	1	
	8	2			1			3
	4			2			8	
7			6			9	4	
					5	4		7
6				7	2			9
2			9			8	6	

答案见 99 页

疯狂的立方体

★★★★☆

27. 下列哪个立方体展开后与下面的图片不相符？

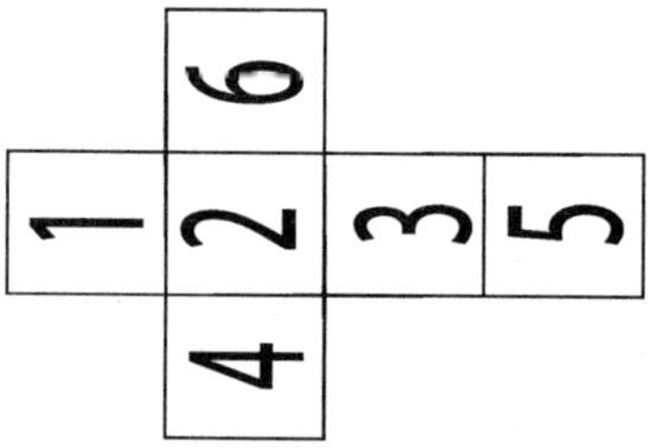

A B C D

答案见99页

纸牌游戏

★★★☆☆

28. 翻转的是哪张牌？

注意：

J、Q、K 分别代表 11、12 和 13

答案见 99 页

多米诺骨牌

★★★★☆

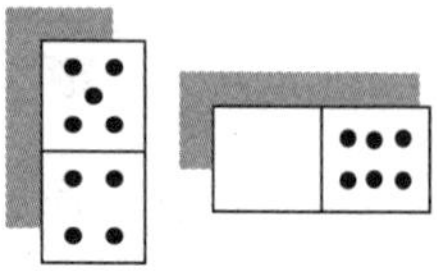

29. 带问号的多米诺骨牌是哪一张?

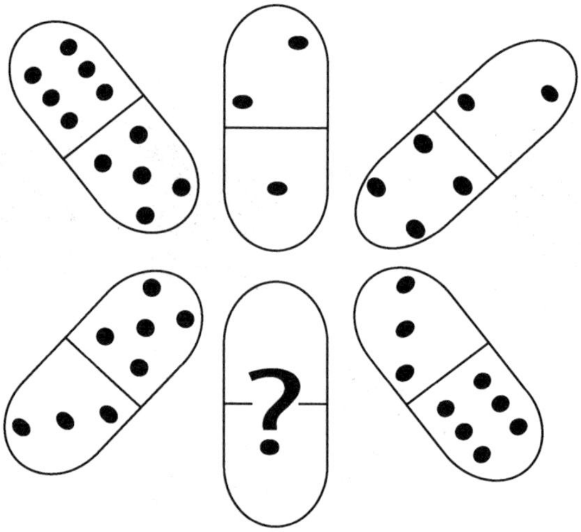

答案见 100 页

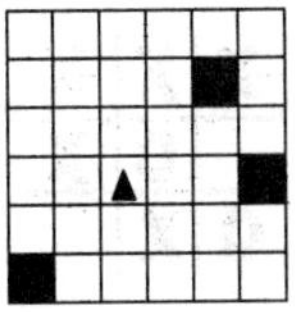

魔力方格

★★★☆☆

30. 参照左边的 3 个方格，把右边的方格补充完整。

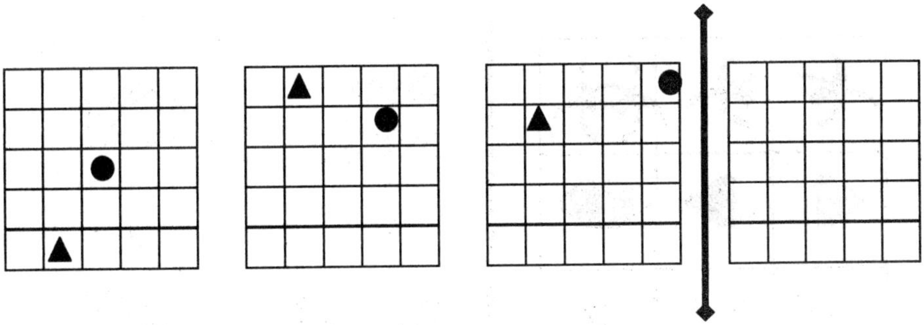

答案见 100 页

矩阵游戏

★★☆☆☆

31. 右图中有 4 个选项，问号位置应该选择哪个选项？

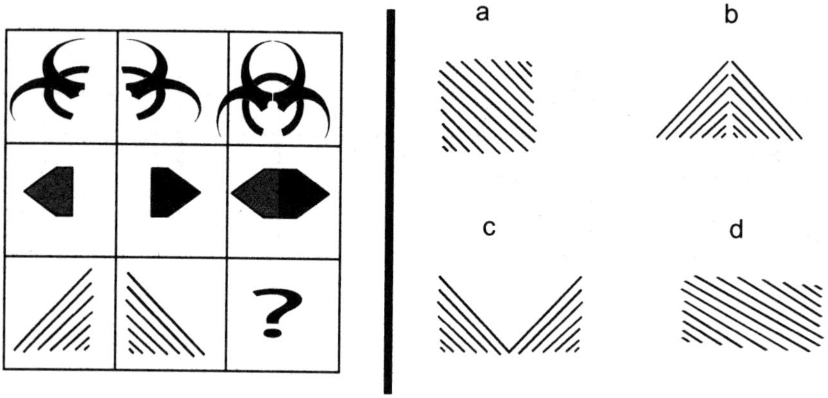

答案见 100 页

火柴游戏

★★★☆☆

32. 移动 2 根火柴，使下面的数字排列具有逻辑关系。

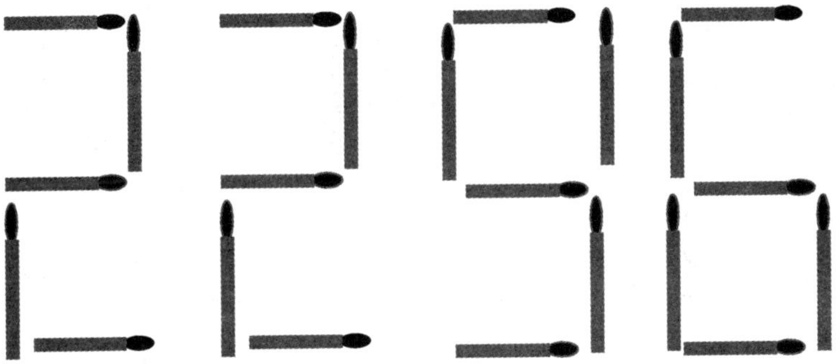

答案见 101 页

俄罗斯方块

★★★☆☆

33. 在下列 4 个选项中，去掉哪个可以使下面图形成为一个 3×8 的矩形？

a

b

c

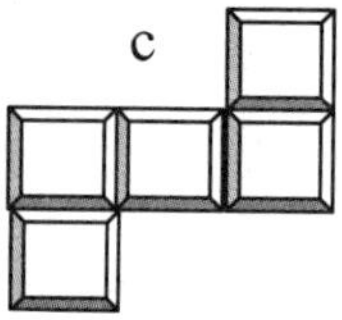

d

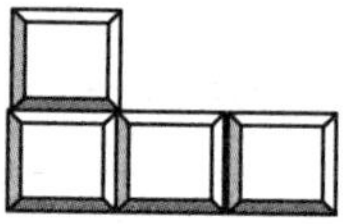

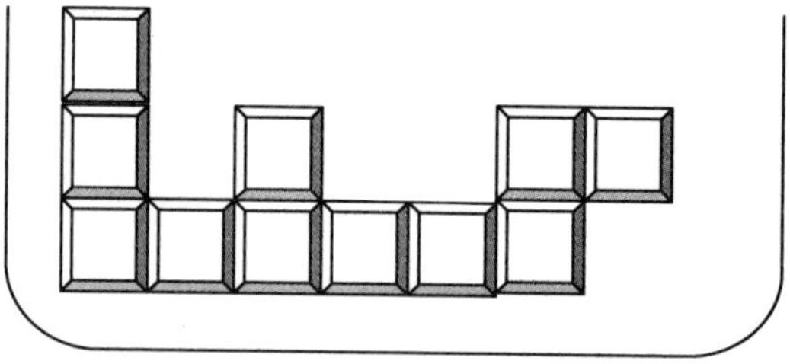

答案见 101 页

34. 仔细观察下面的图片 2 分钟，然后往后翻一页，并回答问题。

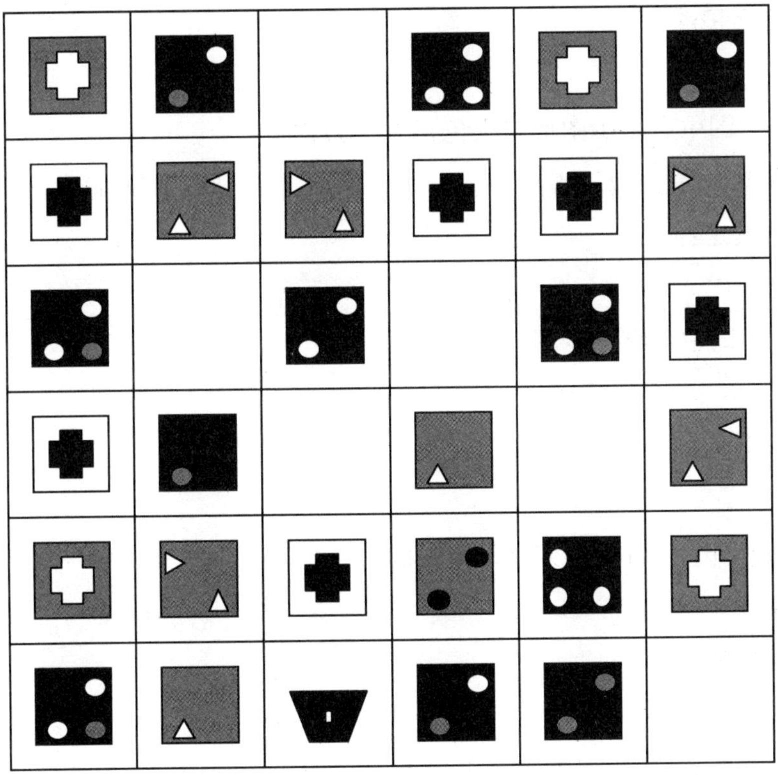

答案见 101 页

回答下列问题，请不要把书翻回前一页。

(1) 图中有多少图形中包含一个黑色十字架?

A. 4　　B. 5　　C. 6　　D. 7

答案是:

(2) 图中有多少图形中包含一个白色十字架?

A. 1　　B. 2　　C. 3　　D. 4

答案是:

(3) 图中有多少图形以黑色正方形为背景?

A. 0　　B. 5　　C. 9　　D. 11

答案是:

(4) 图中共有多少图形?

A. 30　　B. 33　　C. 36　　D. 39

答案是:

(5) 图中共有多少方格是空白的?

A. 3　　B. 4　　C. 5　　D. 6

答案是:

(6) 图中共有多少图形中包含有 3 个白色小圆圈?

A. 0　　B. 1　　C. 2　　D. 3

答案是:

(7) 图中共有多少图形中包含有一个白色小三角形？

A. 没有　　B. 1　　C. 2　　D. 3

答案是：

(8) 图中这个图形共出现了几次？

A. 0　　B. 2　　C. 5　　D. 6

答案是：

(9) 图中这个图形共出现了几次？

A. 0　　B. 1　　C. 2　　D. 3

答案是：

(10) 图中这个图形共出现了几次？必须把不同方向的也计算在内。

A. 3　　B. 4　　C. 5　　D. 6

答案是：

数字树

★★★☆☆

35. 参照左图中的数字关系，找出右图中问号所代表的数字。

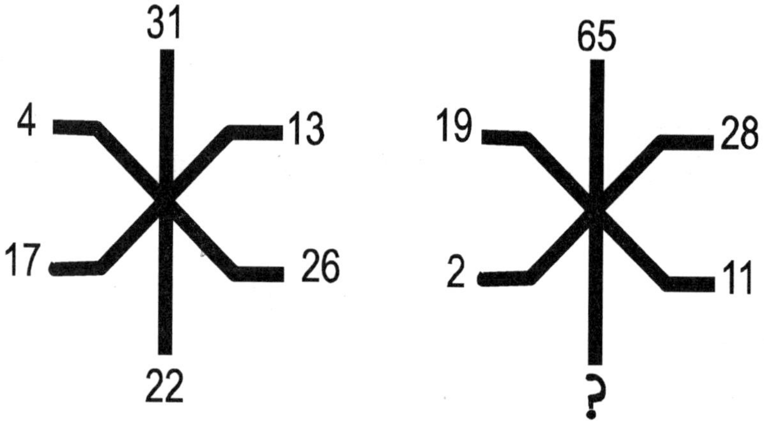

答案见 101 页

九宫格数独

★★★☆☆

36. 完成此九宫格数独，并确保：

√ 每个数字在每一列中(垂直)只出现一次

√ 每个数字在每一行中(水平)只出现一次

√ 在每一宫中只出现一次

			6	4	3	2	1	
					1	4		
				2		3	7	
				6	5	8		4
		6		7		5		
5		2	4	8				
	7	4		5				
		8	2					
	3	5	8	1	4			

答案见 102 页

疯狂的立方体

★★★★☆

37. 下列哪个立方体展开后与下面的图片不相符?

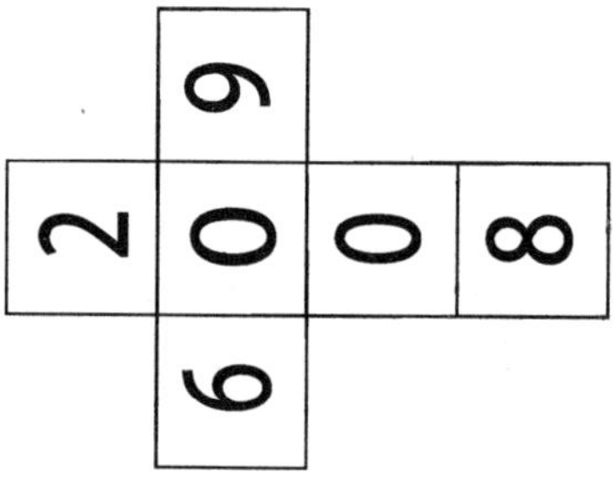

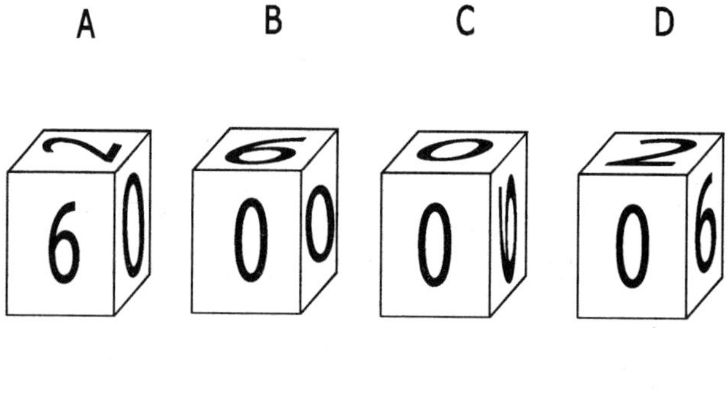

答案见 102 页

纸牌游戏

★★☆☆☆

38. 翻转的是哪张牌？

注意：

J、Q、K 分别代表 11、12 和 13

答案见 102 页

多米诺骨牌

★★★☆☆

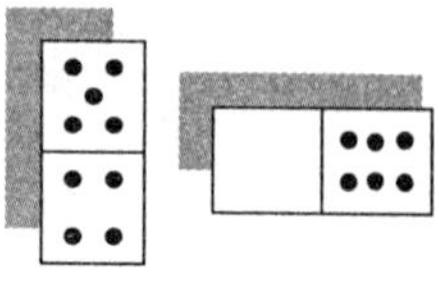

39. 带问号的多米诺骨牌是哪一张？

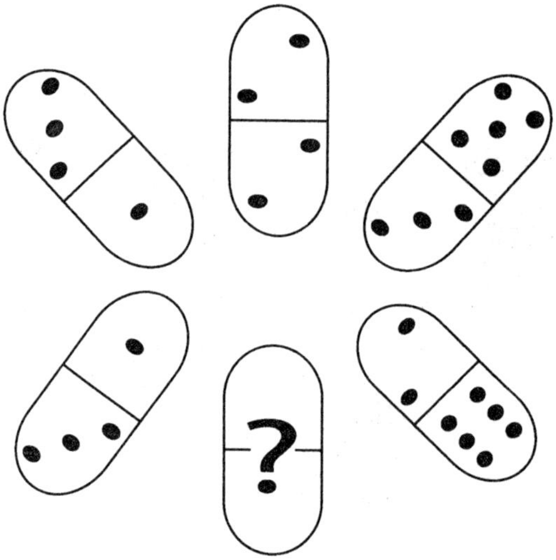

答案见 103 页

魔力方格

★★☆☆☆

40. 参照左边的3个方格，把右边的方格补充完整。

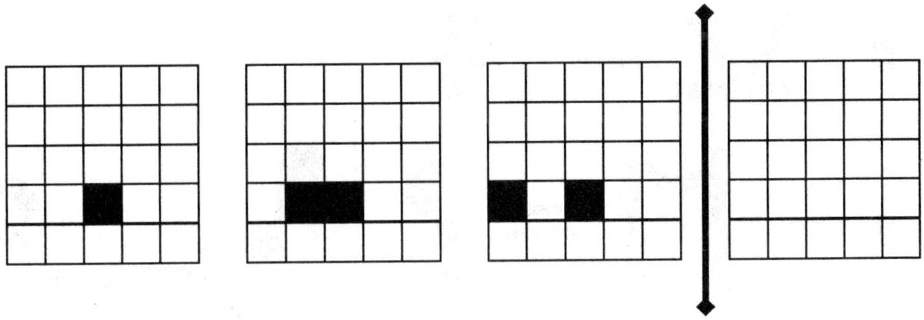

答案见103页

难解之谜

★★★★☆

41. 您能解开下图中的等式吗？

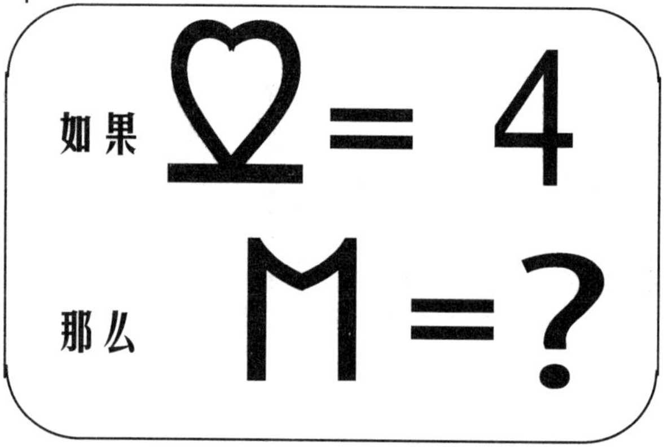

答案见 103 页

42. 右图中有4个选项,问号的位置应该选择哪个选项?

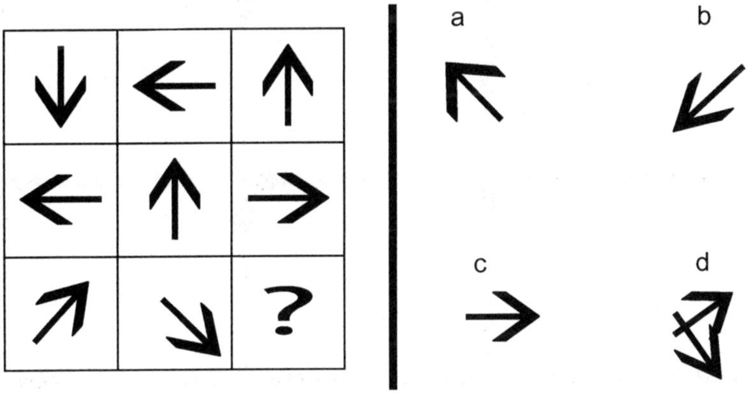

答案见104页

火柴游戏

★★☆☆☆

43. 如何拿掉2根火柴,使图形中包含4个正方形?

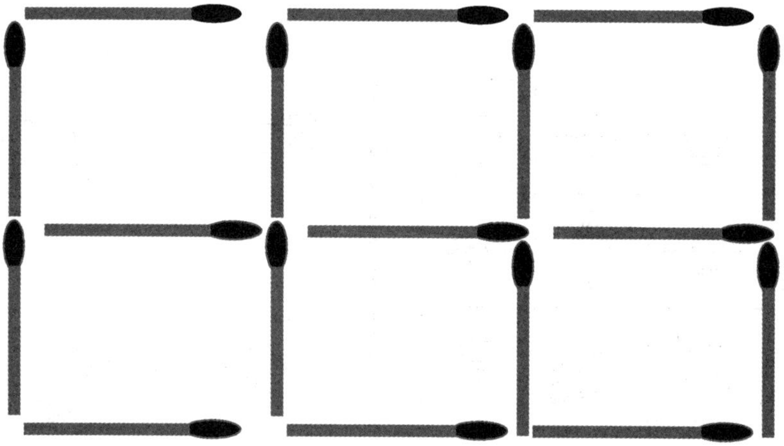

答案见104页

记忆游戏

★★★★☆

44. 仔细观察下面的图片 2 分钟，然后往后翻一页，并回答问题。

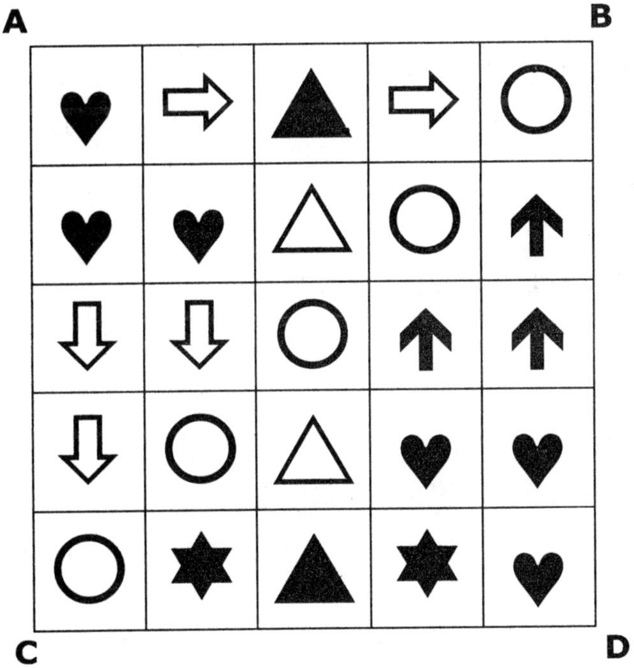

答案见 104 页

回答下列问题，请不要把书翻回前一页。

(1) 图中共有多少个心形图案？

A. 6　B. 7　C. 8　D. 9

答案是：

(2) 图中共有多少个箭头图案？

A. 7　B. 8　C. 9　D. 10

答案是：

(3) 图中共有多少个星星图案？

A. 1　B. 2　C. 3　D. 4

答案是：

(4) 图中共有多少个三角形图案？

A. 3　B. 4　C. 5　D. 6

答案是：

(5) 图中共有多少个黑色三角形图案？

A. 2　B. 3　C. 4　D. 5

答案是：

(6) 图中共有多少个白色三角形图案？

A. 2　B. 3　C. 4　D. 6

答案是：

(7) 图中共有多少向下的箭头图形?

A. 0　　B. 2　　C. 3　　D. 4

答案是:

(8) 图中共有多少向上的箭头图形?

A. 1　　B. 2　　C. 3　　D. 4

答案是:

(9) 图中共有多少向右的箭头图形?

A. 0　　B. 1　　C. 2　　D. 3

答案是:

(10) 图中共有多少圆圈图形?

A. 6　　B. 5　　C. 8　　D. 9

答案是:

俄罗斯方块

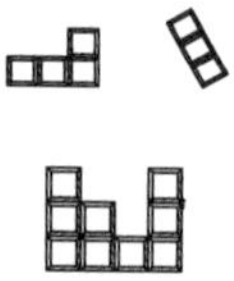

★★★☆☆

45. 在下列 4 个选项中，去掉哪个可以使下面图形成为一个 4×8 的矩形？

a

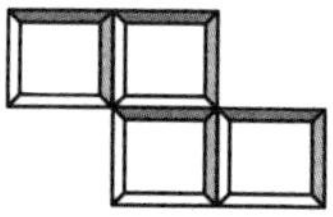

b

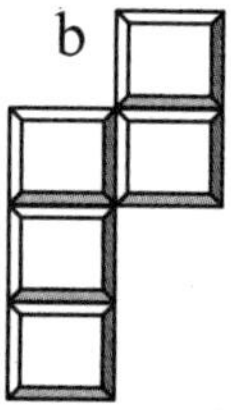

c

d

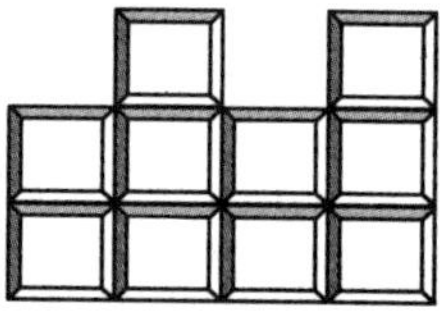

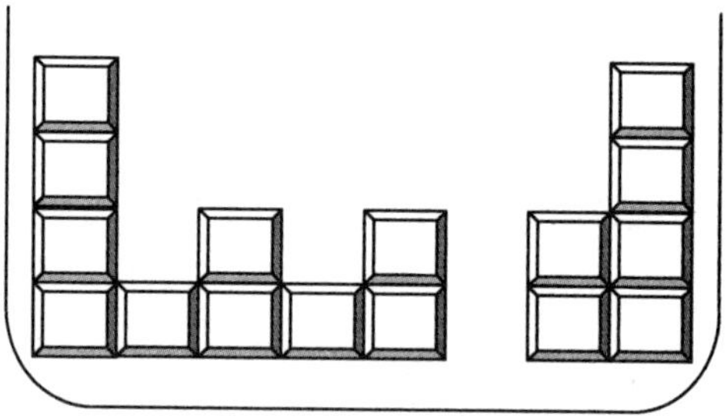

答案见 104 页

数字树

★★★☆☆

46. 参照左图中的数字关系，找出右图中问号所代表的数字。

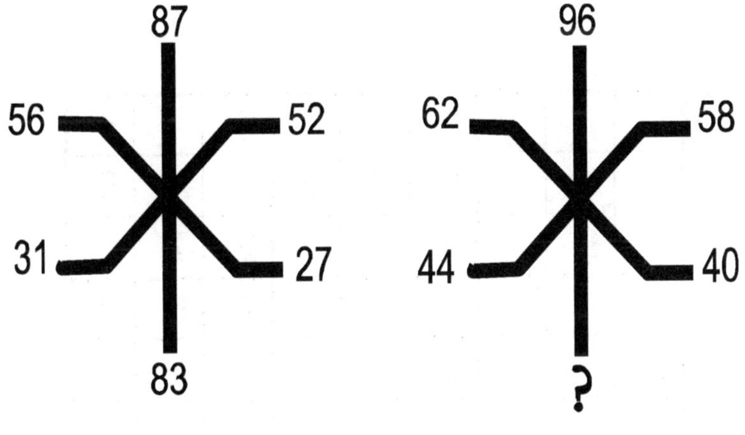

答案见 105 页

九宫格数独

★★★☆☆

S U
D O
K U

47. 完成此九宫格数独，并确保：

√ 每个数字在每一列中（垂直）只出现一次

√ 每个数字在每一行中（水平）只出现一次

√ 在每一宫中只出现一次

						9		4
			1	8	9			6
	9					2	7	
						7	6	2
2			9	5				
	3	4						
			4		5		2	9
	2	9	7			4		
	4		8					

答案见 105 页

疯狂的立方体

★★★★☆

48. 下列哪个立方体展开后与下面的图片不相符？

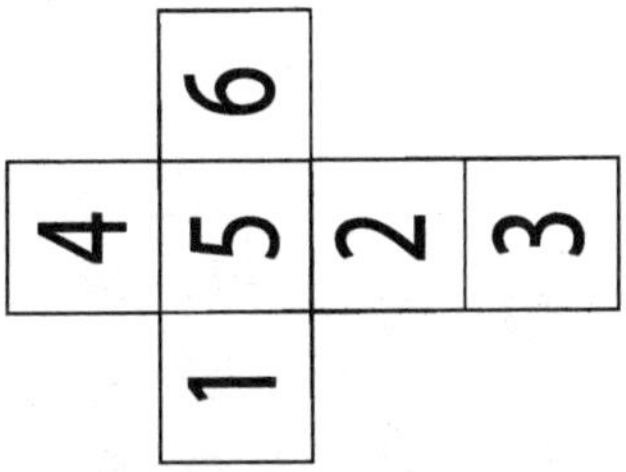

A　　B　　C　　D

答案见 105 页

纸牌游戏

★★★★☆

49. 翻转的是哪张牌？

注意：

J、Q、K 分别代表 11、12 和 13

答案见 105 页

多米诺骨牌

★★★★☆

50. 带问号的多米诺骨牌是哪一张？

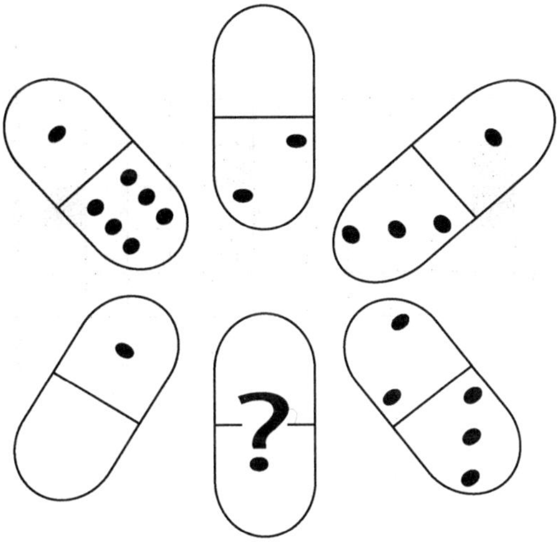

答案见 106 页

魔力方格

★★☆☆☆

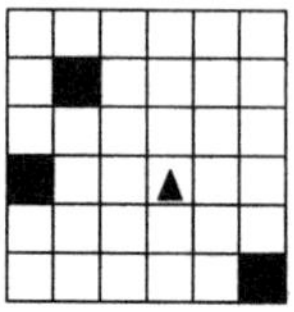

51. 参照左边的3个方格，把右边的方格补充完整。

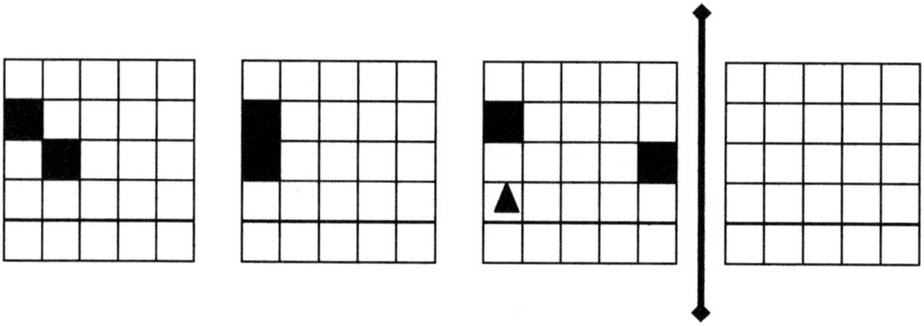

答案见106页

52. 右图中有 4 个选项，问号位置应该选择哪个选项？

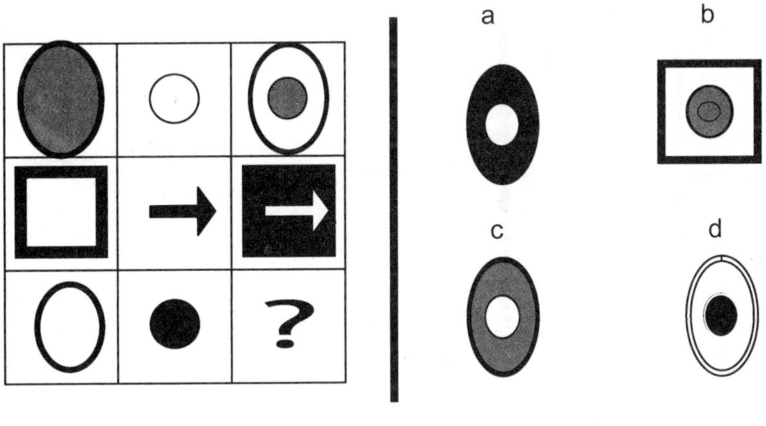

答案见 106 页

火柴游戏

★★★★☆

53. 如何只移动3根火柴，使等式成立？

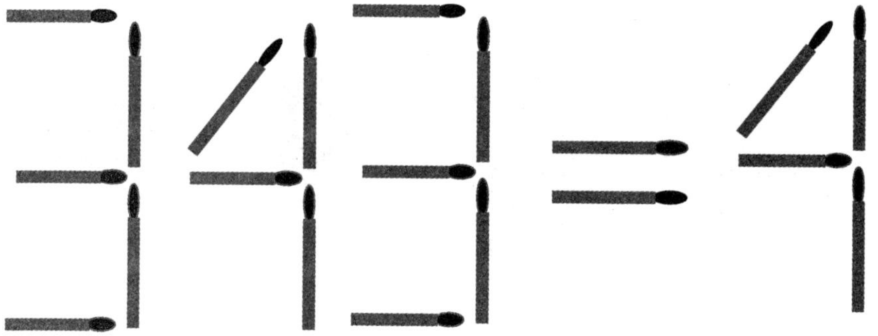

答案见 107 页

记忆游戏

★★★★☆

54. 仔细观察下面的图片 2 分钟，然后往后翻一页，并回答问题。

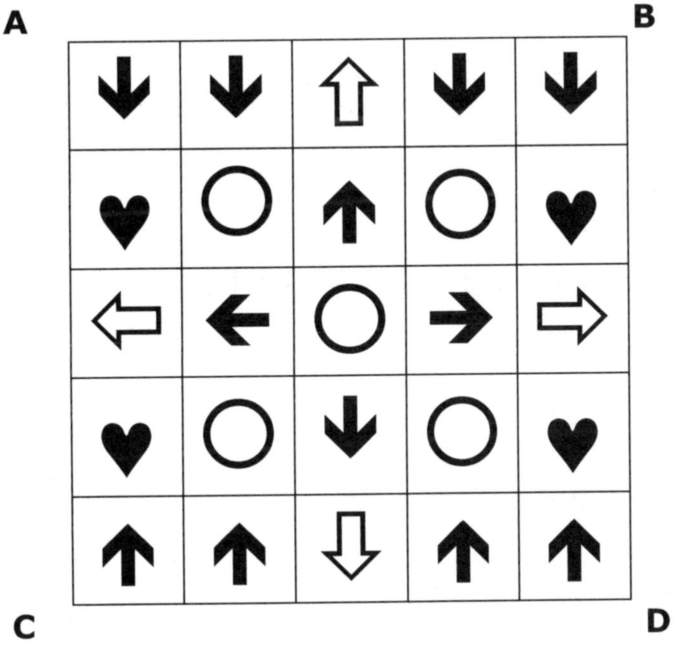

答案见 107 页

回答下列问题，请不要把书翻回前一页。

(1) 图中共有多少个圆圈图案？

A. 3　　B. 4　　C. 5　　D. 6

答案是：

(2) 图中共有多少个白色箭头图案？

A. 2　　B. 3　　C. 4　　D. 5

答案是：

(3) AD 对角线上有多少个圆圈图案？

A. 3　　B. 4　　C. 5　　D. 0

答案是：

(4) BC 对角线上有多少个向下的黑色箭头图案 ？

A. 0　　B. 1　　C. 2　　D. 3

答案是：

(5) 图中共有多少个心形图案？

A. 4　　B. 5　　C. 6　　D. 7

答案是：

(6) 图中共有多少个向下的白色箭头图案？

A. 2　　B. 1　　C. 3　　D. 5

答案是：

(7) 图中共有多少个向下的黑色箭头图案?

A. 7　　B. 6　　C. 5　　D. 4

答案是:

(8) AD 对角线上有多少个向上的黑色箭头图案?

A. 0　　B. 1　　C. 2　　D. 3

答案是:

(9) 图中共有多少个黑色箭头图案?

A. 11　　B. 12　　C. 13　　D. 14

答案是:

(10) 图中共有多少个向左的白色箭头图案?

A. 5　　B. 3　　C. 1　　D. 0

答案是:

俄罗斯方块

★★★★☆

55. 在下列4个选项中，去掉哪个可以使下面图形成为一个4×7的矩形？

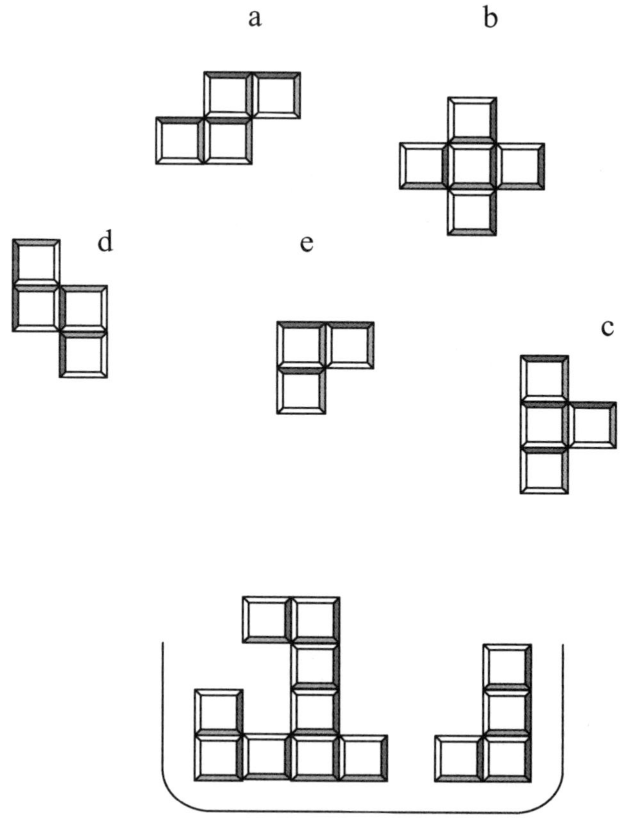

答案见107页

数字树

★★★★☆

56. 参照左图中的数字关系，找出右图中问号所代表的数字。

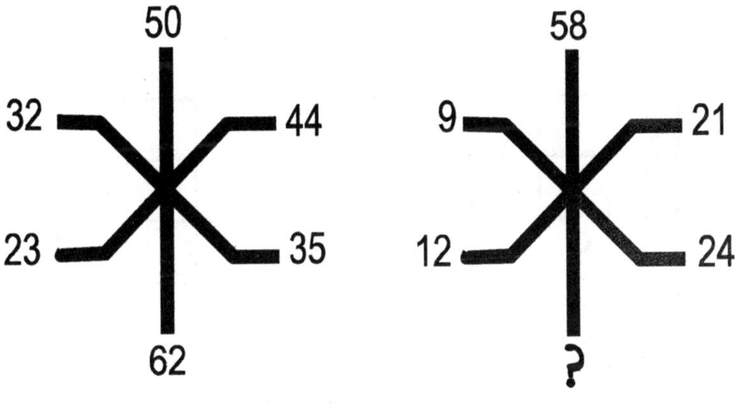

答案见 107 页

九宫格数独

★☆☆☆☆

S	U	
	D	O
K	U	

57. 完成此九宫格数独，并确保：

✓ 每个数字在每一列中（垂直）只出现一次

✓ 每个数字在每一行中（水平）只出现一次

✓ 在每一宫中只出现一次

6		5	9					8
	1	8			2		9	6
	9				8			
1	4		5	2			6	
	2	6	1		3		7	
		3		6		1	2	9
	5		3		9	6	1	4
					6		5	
9		4		1	5	3	8	2

答案见 108 页

疯狂的立方体

★★★★☆

58. 下列哪个立方体展开后与下面的图片不相符？

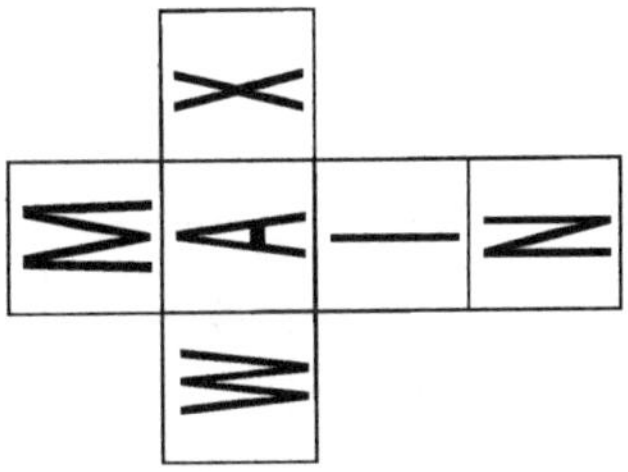

A　　B　　C　　D

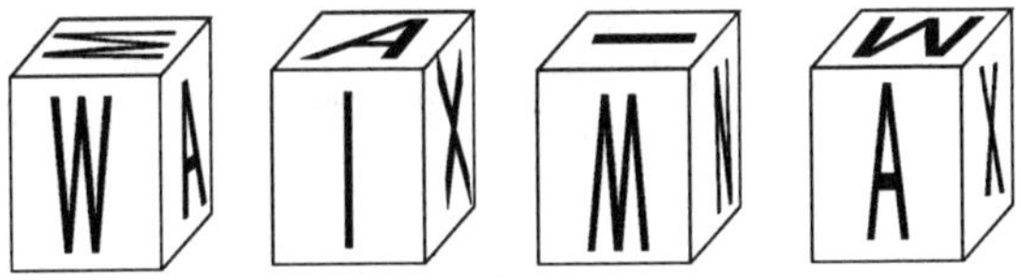

答案见 108 页

纸牌游戏

★★★☆☆

59. 翻转的是哪张牌?

注意:

J、Q、K 分别代表 11、12 和 13

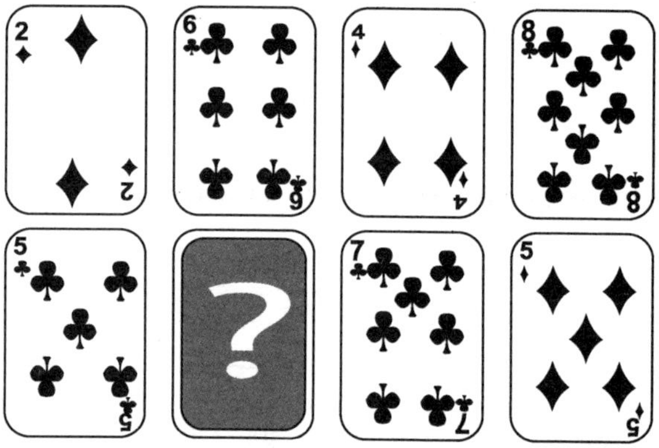

答案见 108 页

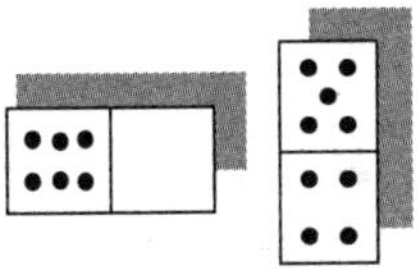

多米诺骨牌

★★★★☆

60. 带问号的多米诺骨牌是哪一张?

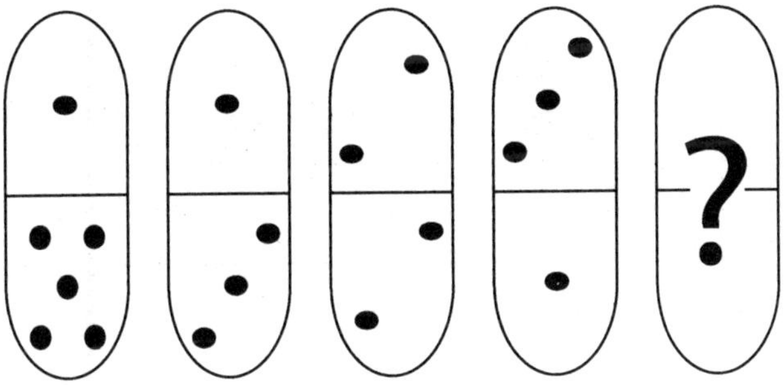

答案见 108 页

魔力方格

★★☆☆☆

61. 参照左边的3个方格，把右边的方格补充完整。

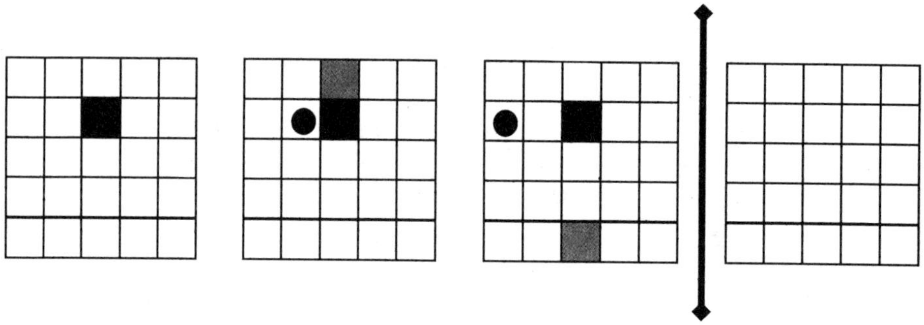

答案见109页

62. 右图中有 4 个选项，问号位置应该选择哪个选项？

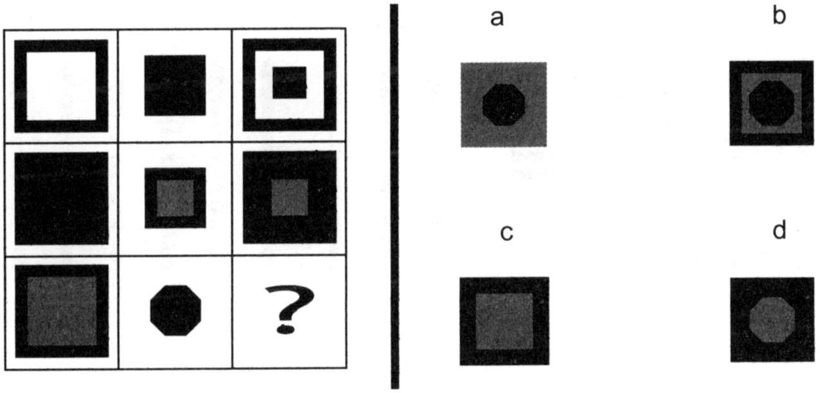

答案见 109 页

火柴游戏

★★★★☆

63. 移动 3 根火柴，使等式成立。

答案见 109 页

64. 仔细观察下面的图片 2 分钟，然后往后翻一页，并回答问题。

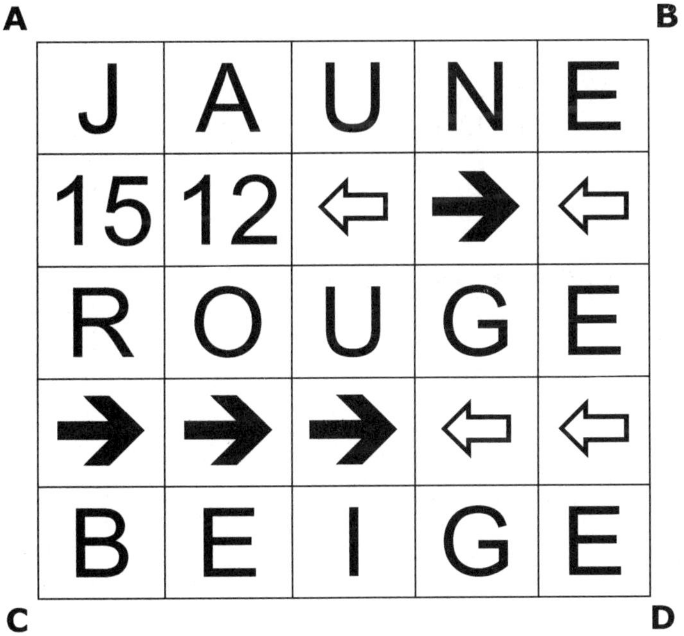

答案见 109 页

回答下列问题，请不要把书翻回前一页。

(1) 图中共出现了几次字母 E?

A. 2 次　　B. 3 次　　C. 4 次　　D. 5 次

答案是:

(2) 图中共有几个箭头图案?

A. 9　　B. 8　　C. 7　　D. 6

答案是:

(3) 图中出现的数字是哪两个?

A. 13 和 16　　B. 12 和 14　　C. 15 和 17　　D. 12 和 15

答案是:

(4) 图中共有多少个黑色箭头图案?

A. 3　　B. 4　　C. 5　　D. 6

答案是:

(5) 图中的白色箭头指向哪个方向?

A. 向下　　B. 向上　　C. 向左　　D. 向右

答案是:

(6) 图中共出现了几次字母 U?

A. 1 次　　B. 2 次　　C. 3 次　　D. 4 次

答案是:

(7) BC 对角线上有多少个箭头图案?

A. 1　　B. 2　　C. 3　　D. 4

答案是:

(8) AD 对角线上出现了哪 3 个字母?

A. B, U 和 E　　B. A, U 和 C

C. D, E 和 U　　D. J, U 和 E

答案是:

俄罗斯方块

★★★★☆

65. 在下列6个选项中，去掉哪个可以使下面图形成为一个4×8的矩形？

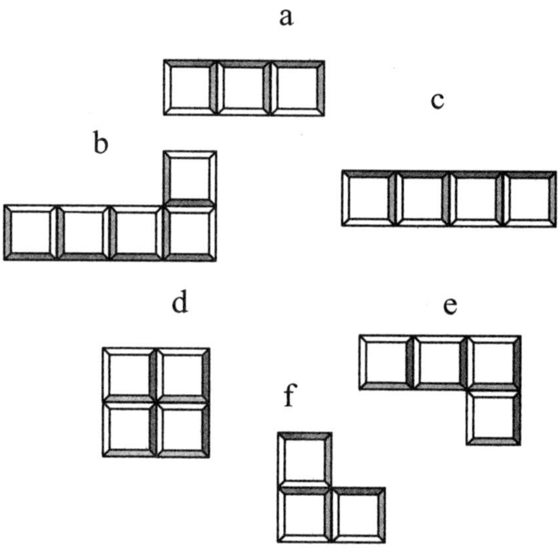

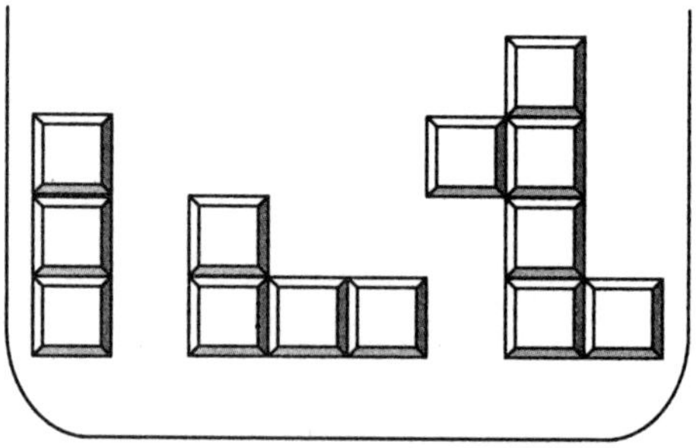

答案见109页

数字树

★★☆☆☆

66. 参照左图中的数字关系，找出右图中问号所代表的数字。

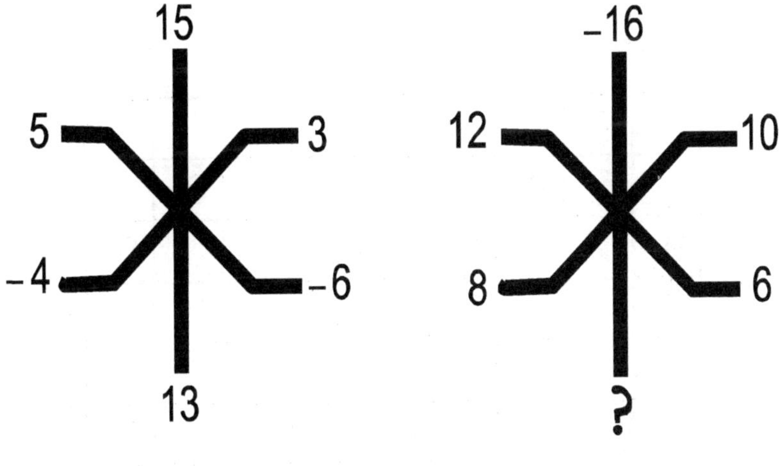

答案见 110 页

九宫格数独

★★★★☆

67. 完成此九宫格数独，并确保：

√ 每个数字在每一列中(垂直)只出现一次

√ 每个数字在每一行中(水平)只出现一次

√ 在每一宫中只出现一次

	7			9		2		
	5	8					3	
9			3		5	4		8
7				4	3		2	
1		2				3		4
	4		1	8				7
2		4	5		9			1
	1					6	9	
		7		2			4	

答案见 110 页

疯狂的立方体

★★★★☆

68. 下列哪个立方体展开后与下面的图片不相符？

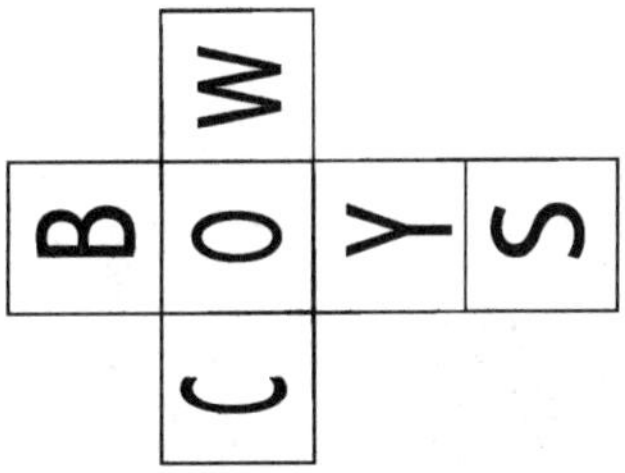

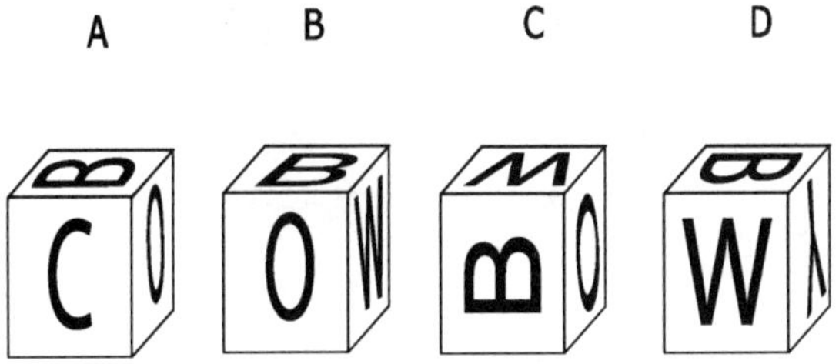

答案见 110 页

纸牌游戏

★★★★☆

69. 翻转的是哪张牌？

注意：

J、Q、K 分别代表 11、12 和 13

答案见 110 页

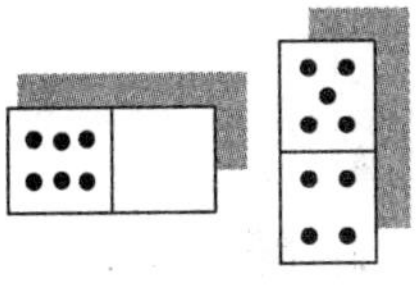

多米诺骨牌

★★★★★

70. 带问号的多米诺骨牌是哪一张？

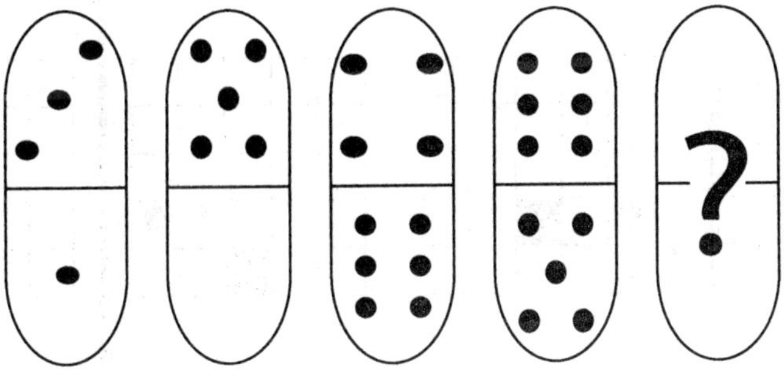

答案见 111 页

魔力方格

★★★☆☆

71. 参照左边的3个方格，把右边的方格补充完整。

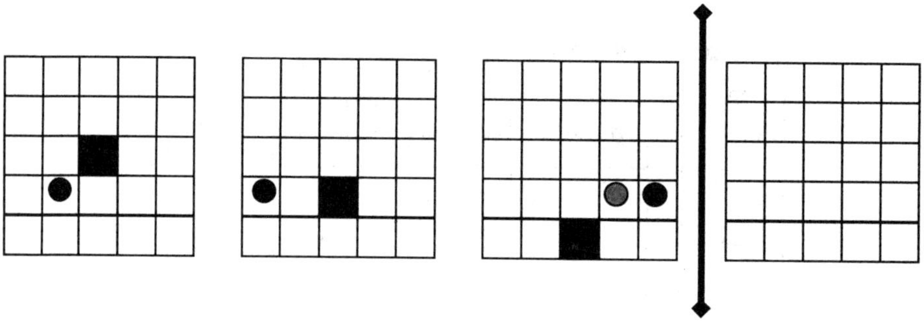

答案见111页

72. 右图中有 4 个选项,问号位置应该选择哪个选项?

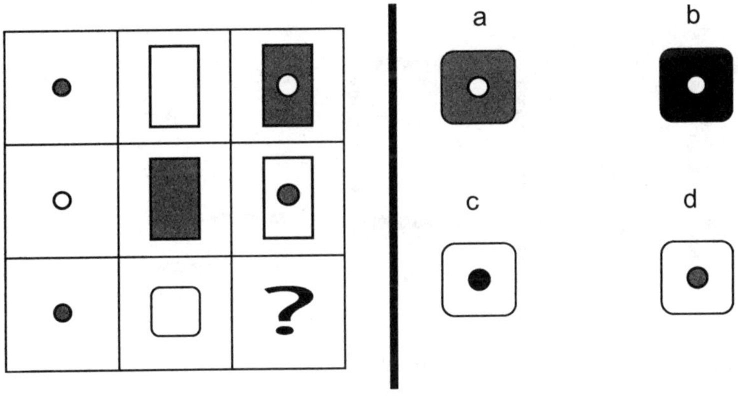

答案见 111 页

火柴游戏

★★★★☆

73. 如何移动 3 根火柴，使等式成立？

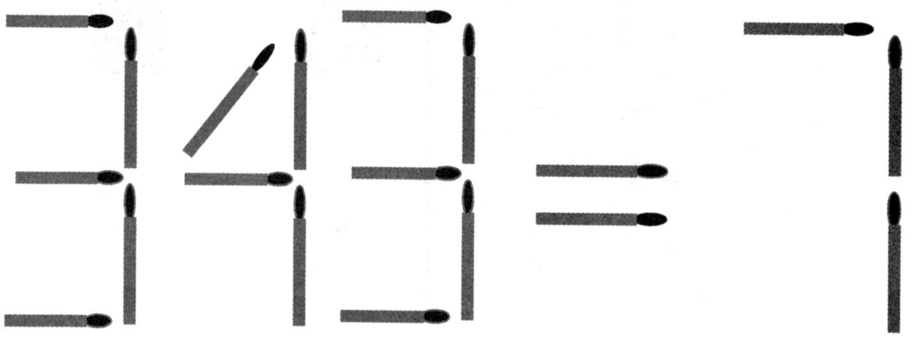

答案见 112 页

俄罗斯方块

★★★★☆

74. 在下列 4 个选项中，去掉哪个可以使棋盘复原？

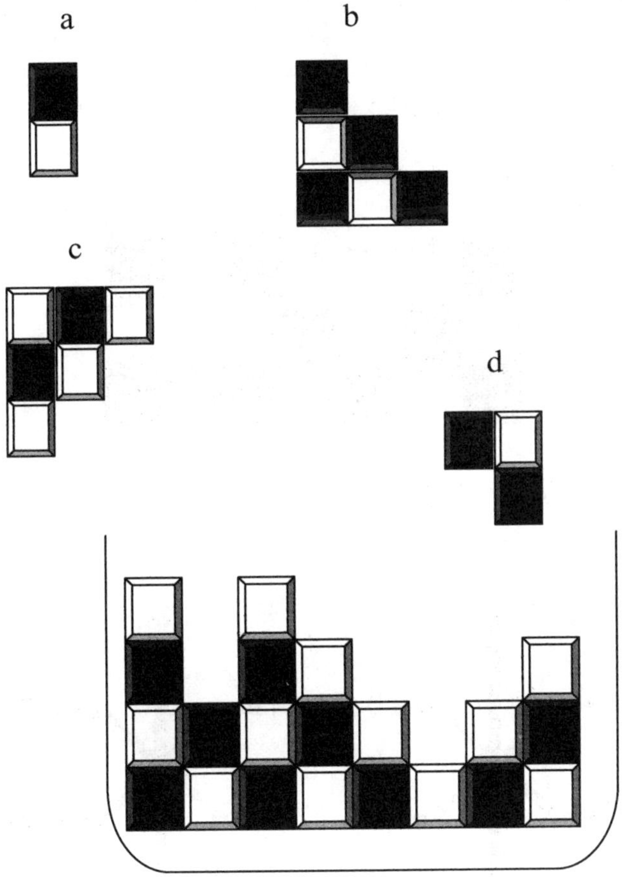

答案见 112 页

答　案

1. 正确的答案是 c。为了使火柴显示的数字排列成 2、3、4、5、6，必须各自移除一根火柴，只有 c 需要移除 2 根。

2. (1) C　(2) B　(3) A　(4) C　(5) A(2 次)　(6) A　(7) C　(8) A　(9) A　(10) B

3. 俄罗斯方块：正确答案是 d。

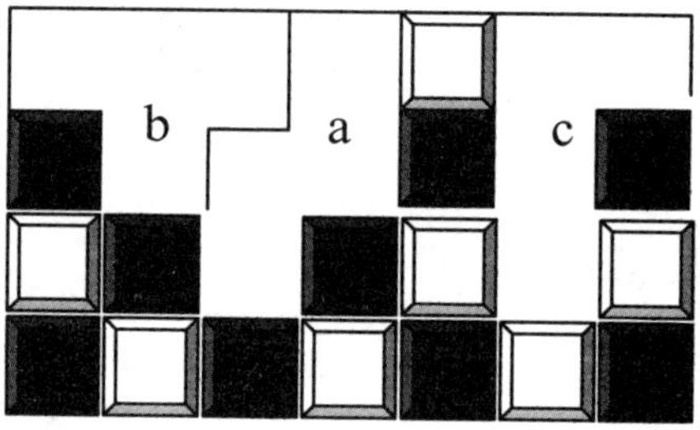

4. 正确答案是 38。因为 c－e＝5；d－b＝5；x－a＝5，所以 x＝a＋5＝38。见下图。

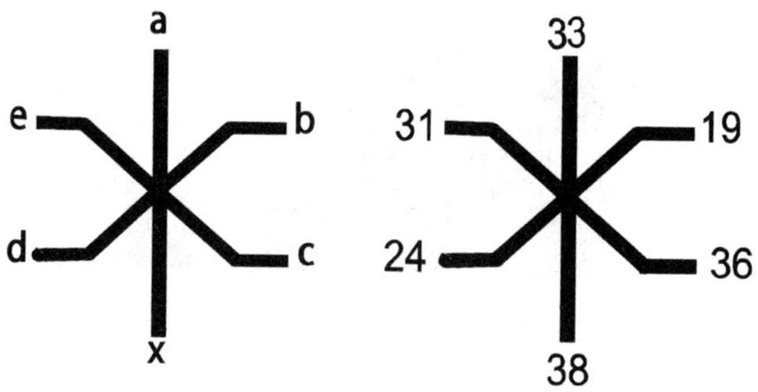

5. 九宫格数独如下：

7	8	3	4	5	6	1	2	9
5	2	1	7	8	9	3	4	6
6	4	9	3	2	1	5	8	7
2	9	6	1	4	5	8	7	3
3	7	4	9	6	8	2	5	1
8	1	5	2	7	3	9	6	4
9	6	2	5	1	7	4	3	8
4	3	8	6	9	2	7	1	5
1	5	7	8	3	4	6	9	2

6. 正确答案是 D。

7. 正确答案是梅花 9。因为 a’＋b’＝c。

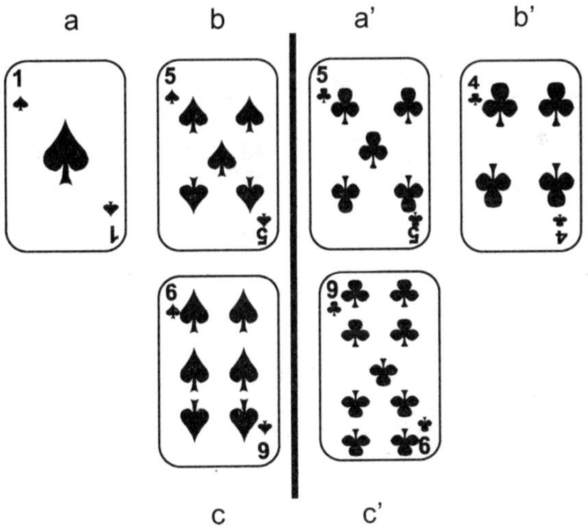

8. 灰色部分的数字按 abcdef 的顺序递增，每个数字＝前一个数字＋1，白色部分按照相同的字母顺序变化。因此答案的上面部分为 4，下面部分为 2。

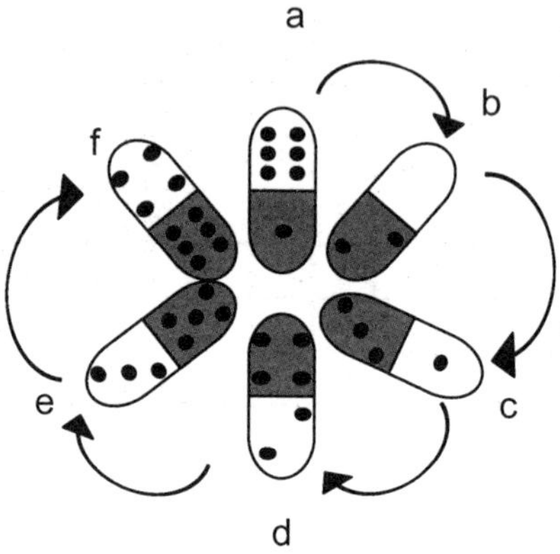

9. 黑色方格沿垂直方向前移动一格，小黑点就沿对角线向上移动一格。

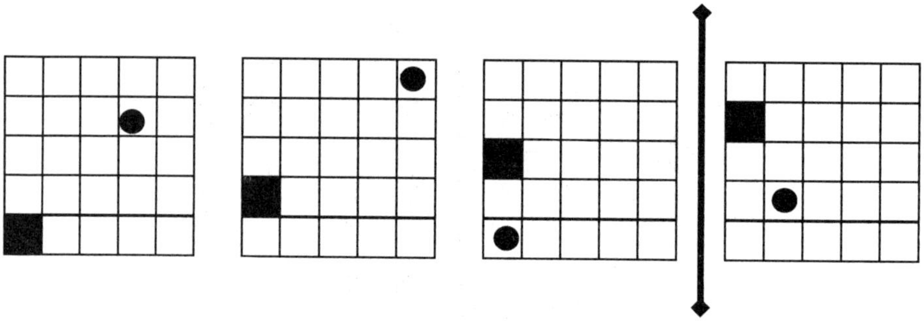

10. 正确答案是 d。a 列中的每个图形都是由 3 个部分组成的。c3 位置的图形是由 a3 的图形减去 b3 的图形而得到的。

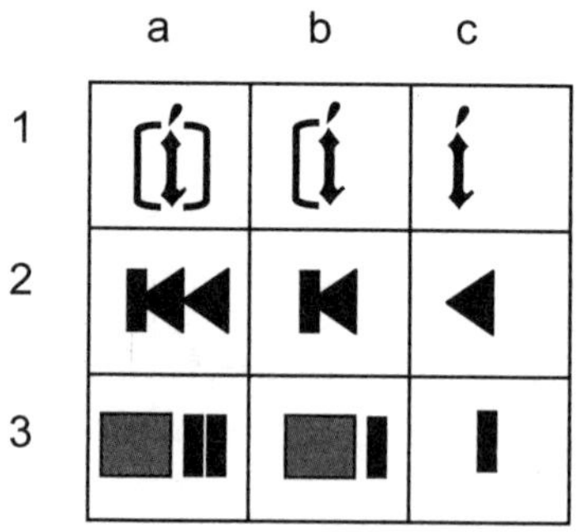

11. 正确的等式为 5－2＝3. 虚线表示应该移走的火柴。

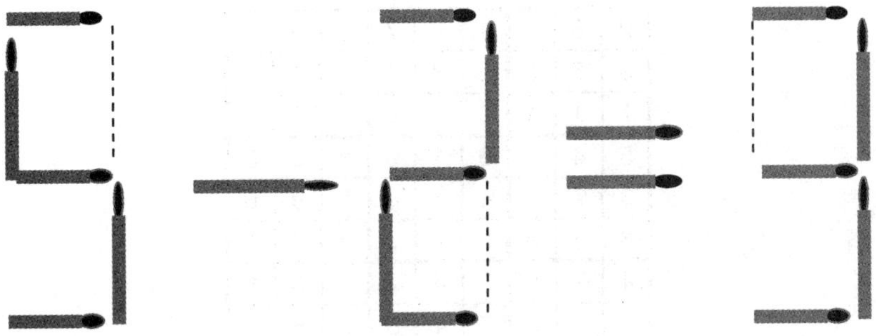

12. (1) B (2) B (3) C (4) C (5) A (6) B (7) D (8) C (9) C (10) A

13. 正确答案是 b。

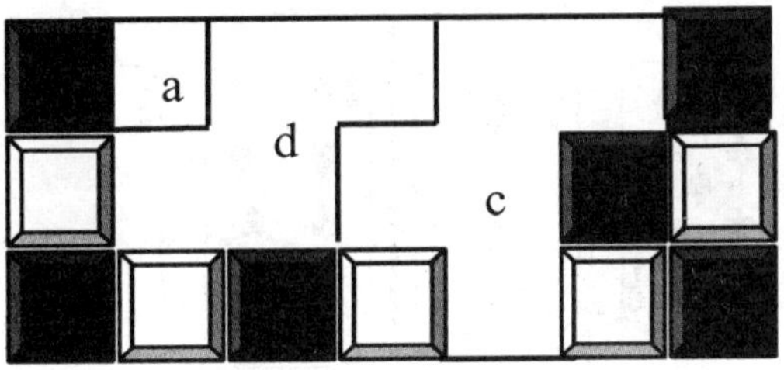

14. 正确答案是 28。因为 e－c＝4；b－d＝4；a－x＝4。 所以 x＝a－4＝28。 见下图。

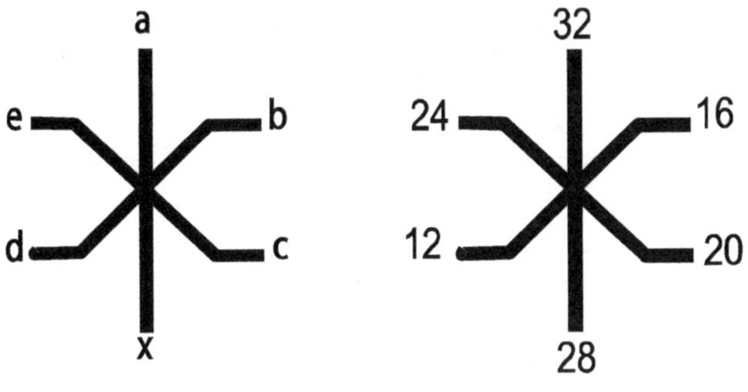

15. 九宫格数独如下：

2	8	3	1	9	7	6	5	4
9	5	6	2	8	4	3	1	7
7	1	4	3	5	6	9	8	2
5	4	7	6	1	9	8	2	3
3	2	1	4	7	8	5	9	6
8	6	9	5	2	3	4	7	1
4	7	5	9	6	2	1	3	8
1	3	8	7	4	5	2	6	9
6	9	2	8	3	1	7	4	5

16. 正确答案是 C。

17. 正确答案是红心 Q。因为 a'＋b'＝c。

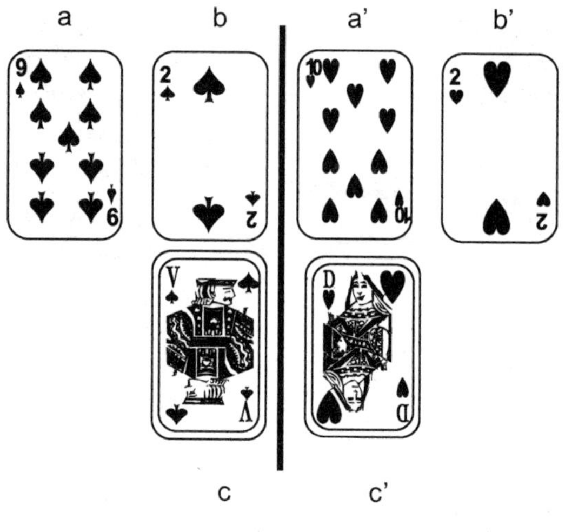

18. 灰色部分的数字按 abcdef 的顺序递增，每个数字＝前一个数字＋2，且白色部分按对称排列：a＝d，f＝c，e＝b，因此答案的上面部分为2，下面部分为空白。

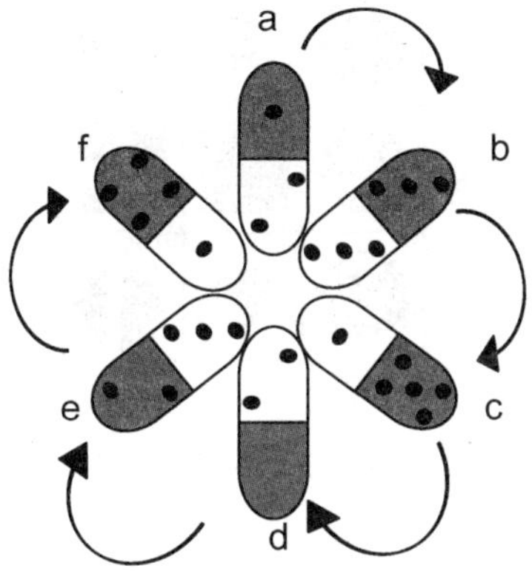

19. 黑色方格不动，第一张图中黑色三角形隐藏在黑色方格后面。然后向对角线向上移动一格。

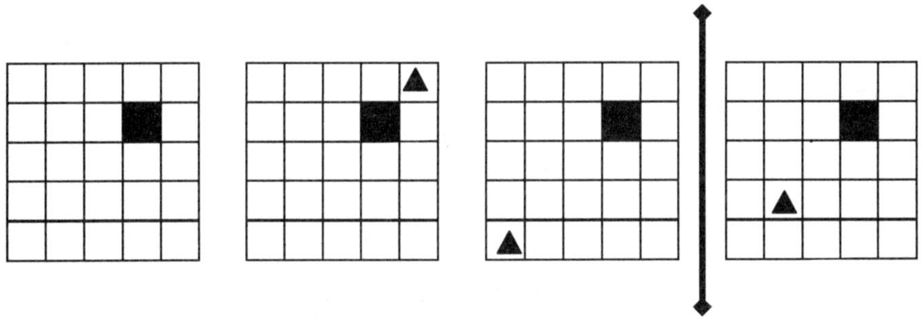

20. 正确答案是 c。颜色并不是按照逻辑来分配的，基本上是为了消遣。此外，第一张图片中大图形（白色三角形）内包含一个较小的图形（灰色圆圈），其相对应的图片中二者位置颠倒了，即大图形（灰色圆圈）内包含一个较小的图形（灰色三角形）。至于箭头的位置，则是一个向内，相对应的那个则向里。

21. 正确答案是 c。将 b 列中的图形按照 a 列中的数字分成相对应的部分，即得到 c 列中的图形。

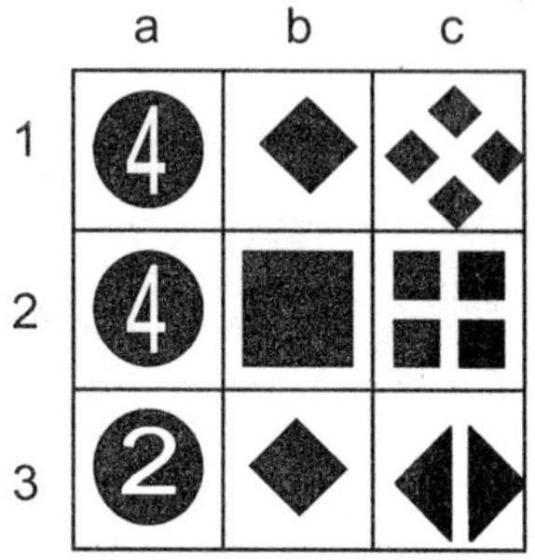

22. 只需要将火柴按照罗马数字排列即可使等式成立。

23. 正确答案是 a 和 e。

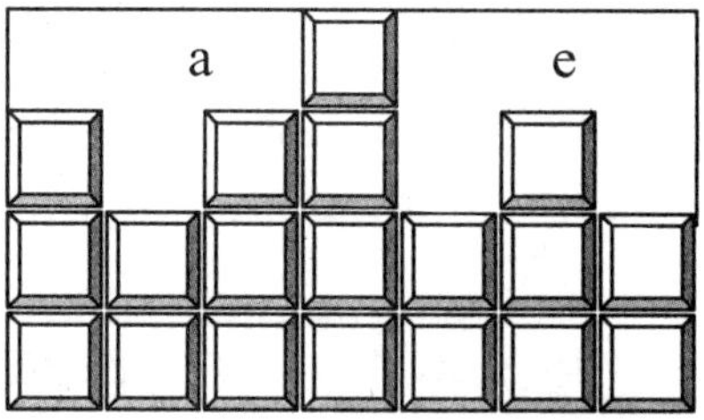

24. (1) B (2) B (3) D (4) A (5) C (6) B (7) A (8) C (9) C (10) C

25. 正确答案是 29。因为 e－b＝3；d－c＝3；a－x＝3，因此 x＝32－3＝29。

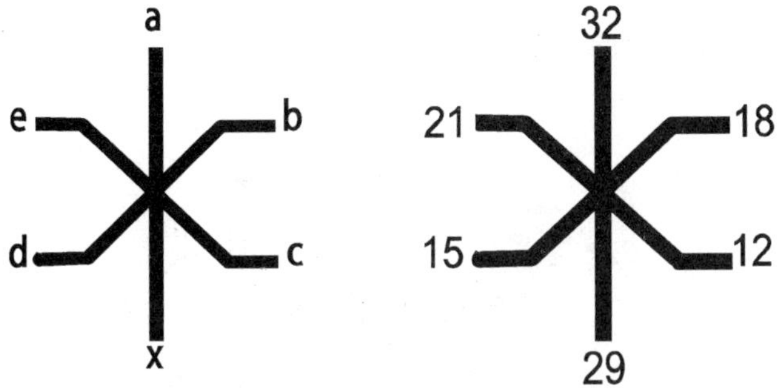

26. 九宫格数独如下：

4	6	9	1	5	3	2	7	8
5	2	1	4	8	7	3	9	6
8	7	3	2	9	6	5	1	4
9	8	2	7	4	1	6	5	3
3	4	6	5	2	9	7	8	1
7	1	5	6	3	8	9	4	2
1	9	8	3	6	5	4	2	7
6	5	4	8	7	2	1	3	9
2	3	7	9	1	4	8	6	5

27. 正确答案是 B。

28. 正确答案是红心 4。因为 a'－b'＝c。

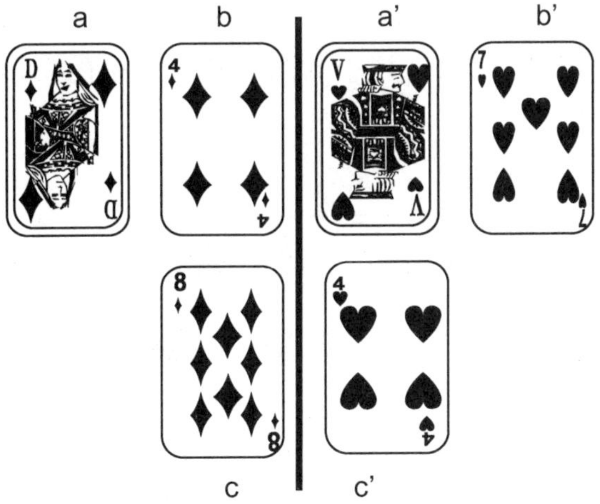

29. 灰色部分的数字按 abcdef 的顺序递增，每个数字＝前一个数字＋1，白色部分也按照 abcdef 的顺序递增，每个数字＝前一个数字＋2，因此上面部分为 1，下面部分为 4。

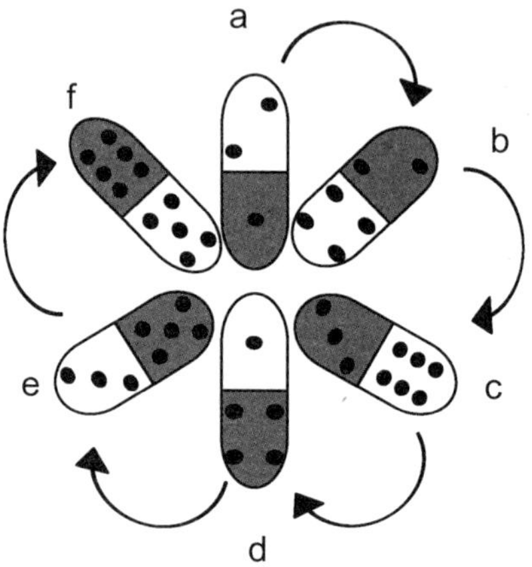

30. 黑色三角列数不变，每次向下移一格（下无可下去第一行），黑色圆每次横向右移一列再向上移一行（上无可上去第一行）。

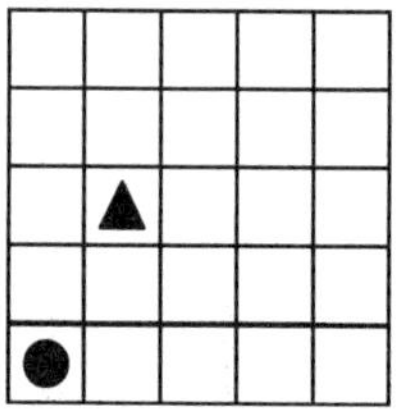

31. 正确答案是 b。将 a 列中的图形和 b 列中的图形连接在一起就成为 c 列中的图形。

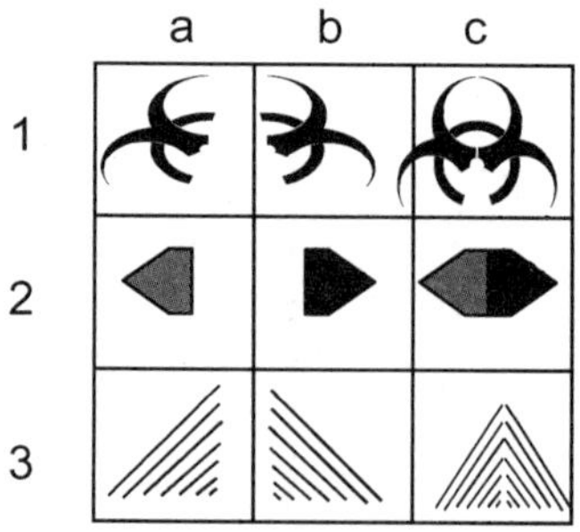

32. 正确答案是 2、3、5、8。这组数字符合自然数 n+1,n+2，n+3 的逻辑关系。虚线表示火柴的移动。

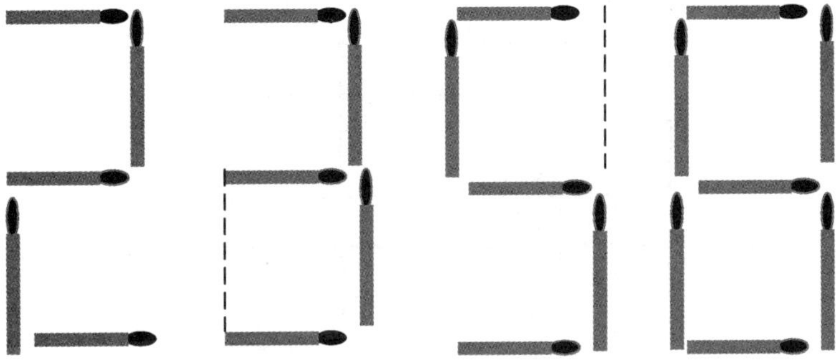

33. 正确答案是 c。

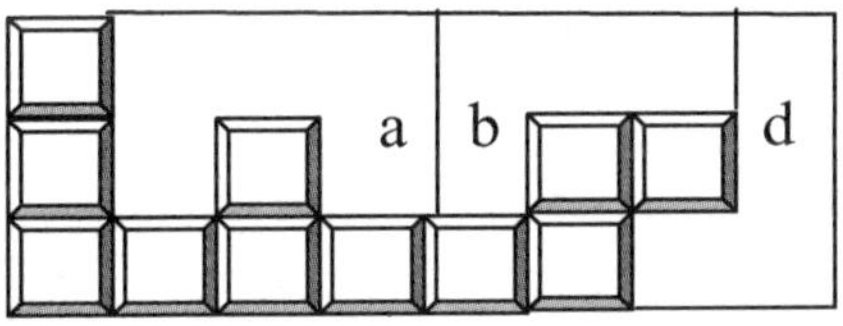

34. (1) C (2) D (3) D (4) A (5) D (6) C (7) C (8) A (9) B (10) C

35. 正确答案是 56。因为 b－e＝9，c－d＝9，a－x＝9,因此 x＝a－9＝56。

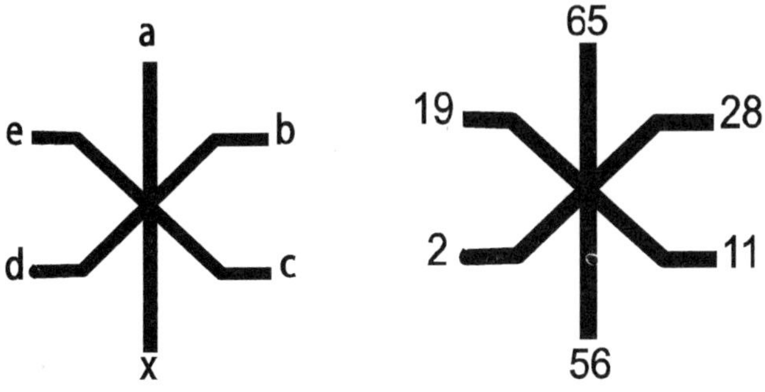

36. 九宫格数独如下：

7	5	9	6	4	3	2	1	8
8	2	3	7	9	1	4	5	6
6	4	1	5	2	8	3	7	9
3	9	7	1	6	5	8	2	4
4	8	6	3	7	2	5	9	1
5	1	2	4	8	9	6	3	7
2	7	4	9	5	6	1	8	3
1	6	8	2	3	7	9	4	5
9	3	5	8	1	4	7	6	2

37. 正确答案是 D。

38. 正确答案是红心 J。因为 a’－b’＝c。

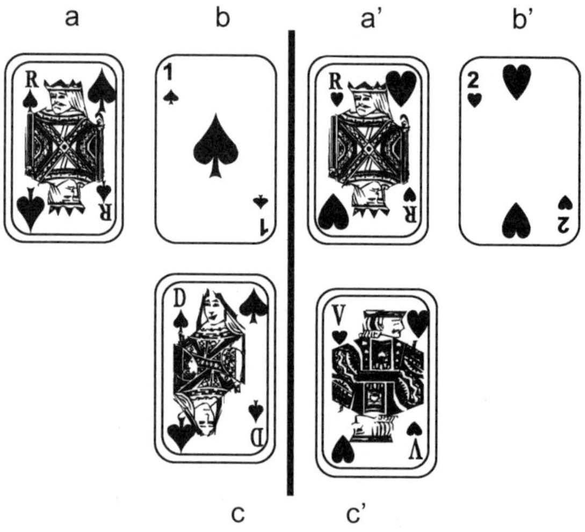

39. 因为 a+b=c,所以上面部分=2-1=1,下面部分=6-3=3。

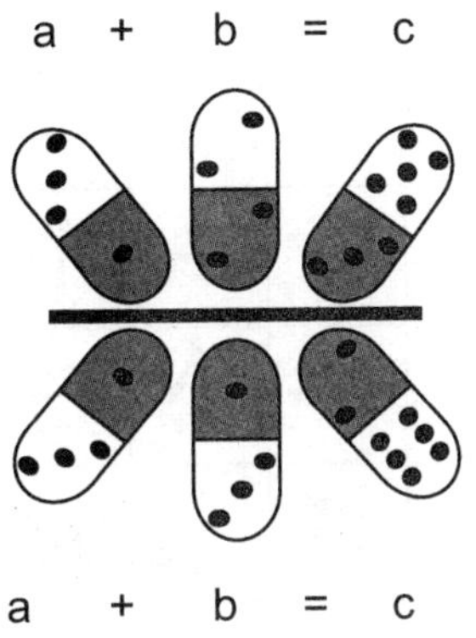

40. C4 的方格保持不动,第一张图中的两个黑色方格重叠,之后,其中一个黑色方格沿水平方向每次向左移动一格。

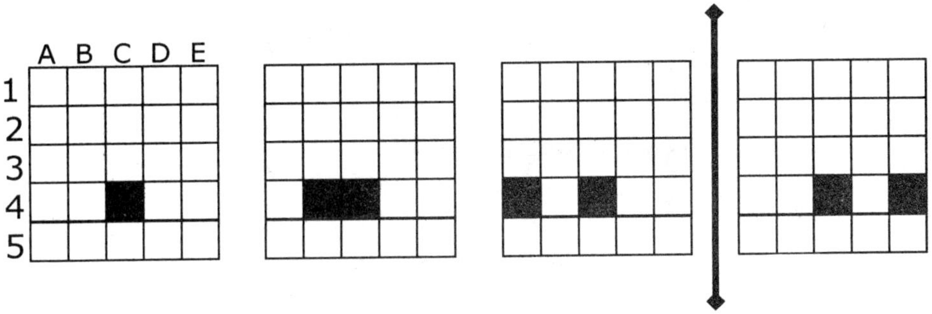

41. 正确答案是 2。第一个图形是将两个 2 以不同的方向拼合起来的,同样,第二个图形就可以拆成两个 1。因为 4 可以等于 2+2,也可以等于 2×2,所以本题的答案并不是唯一的,如果理解成 1×1,得出的答案就是 1。本题的重点在于考察是否能观察得到图形可以拆成 2 个数字。

42. 正确答案是 b。a 列图形顺时针方向旋转 90°即为 b 列图形，将 b 列图形顺时针旋转即为 c 列图形。

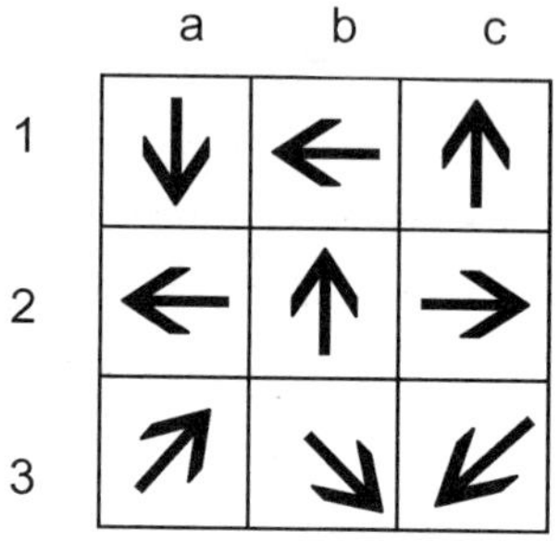

43. 拿掉 2 根火柴(见虚线部分)，可以获得 3 个小正方形和一个大正方形。

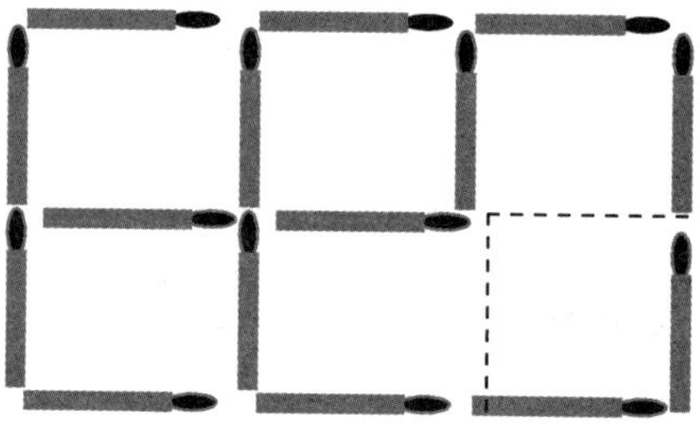

44. (1) A　(2) B　(3) B　(4) B　(5) A　(6) A　(7) C　(8) C　(9) C　(10) B

45. 正确答案是 a。

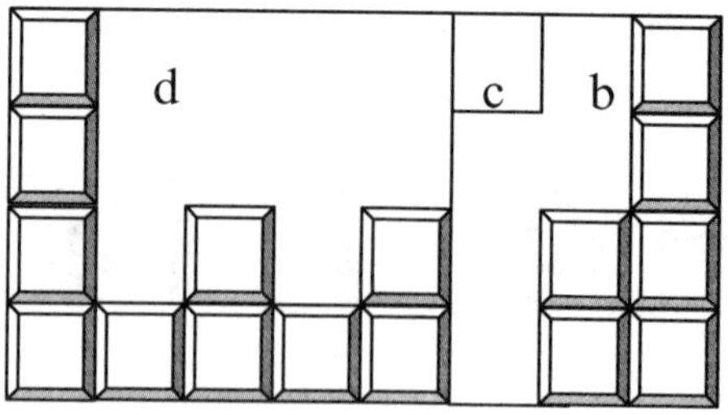

46. 正确答案是 92。因为 e－b＝4，d－c＝4，a－x＝4,所以 x＝a－4＝92。

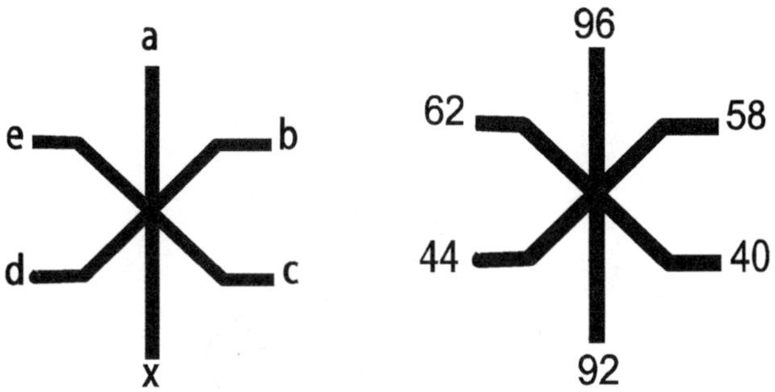

47. 九宫格数独如下：

3	5	1	2	7	6	9	8	4
4	7	2	1	8	9	3	5	6
6	9	8	5	4	3	2	7	1
9	8	5	3	1	4	7	6	2
2	6	7	9	5	8	1	4	3
1	3	4	6	2	7	5	9	8
7	1	6	4	3	5	8	2	9
8	2	9	7	6	1	4	3	5
5	4	3	8	9	2	6	1	7

48. 正确答案是 B。

49. 正确答案是红心 5。因为按照 abcdef 的顺序,数字分别是 x＋1，x＋2，x＋3，x＋4 和 x＋5。

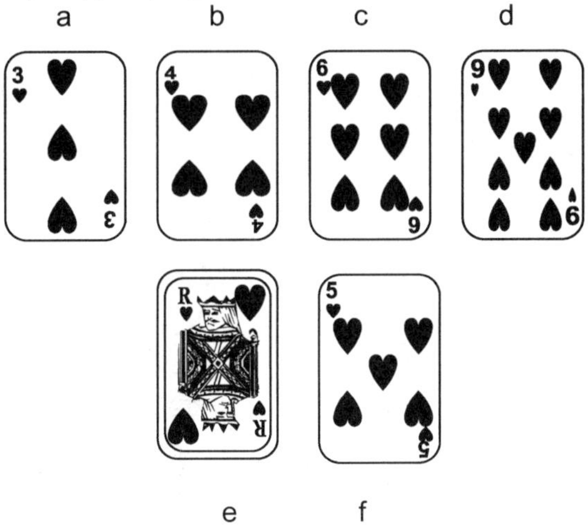

50. 按照 abc 的顺序，白色部分和灰色部分的数字都是 x＋1，因此，上面部分数字为 1，下面部分数字为 2。

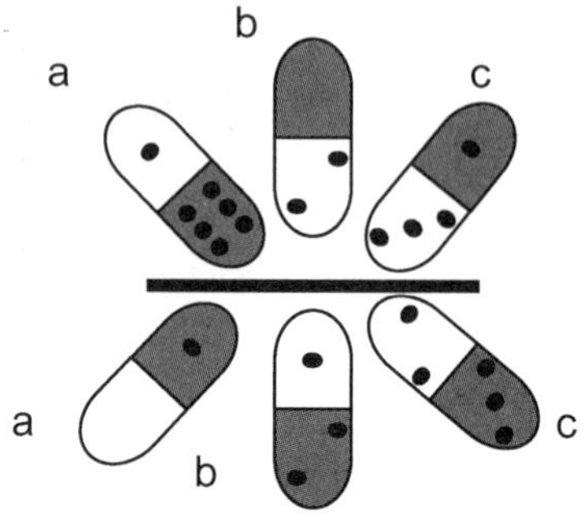

51. A2 的方格保持不动，B3 的方格沿水平方向每次向左移动一格。第一张图中 A2 的方格隐藏了一个黑色三角形，这个三角形在第二张图中被 A3 的方格隐藏了，它沿垂直方向每次向下移动一格。

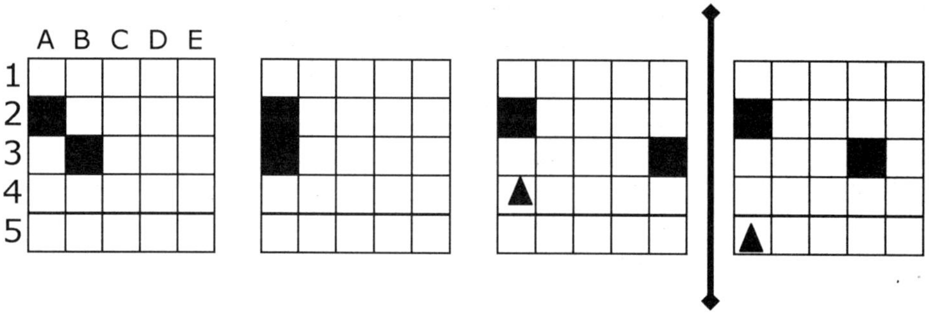

52. 正确答案是 a。将 b 列中的图形放入 a 列中，并将 a、b 列中的图形颜色交换，就成为 c 列中的图形。

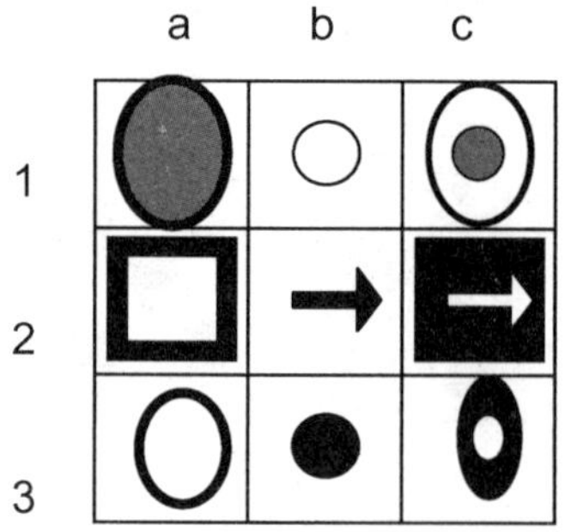